Karl Jobig
Kein Anfang und kein Ende

Der Autor, Karl Jobig, gehört dem 'spannenden' Jahrgang 1939 an. September 1945 Volksschule, 1951 Gymnasium, gefolgt von einer Industriekaufmanns-Lehre mit dem Besuch der Höheren Handelsschule, bereiteten ihn auf das Leben vor. Schon während der Schulzeit hatte er erste Kontakte zum Fernsehen, die sich ständig entwickelten. Nach Abschluss der Lehrzeit ging er direkten Weges zum damals noch jungen Fernsehen - zweite und dritte Programme waren noch Zukunft.

Jobig begann als Aufnahmeleiter-Assistent im Hochbunker auf dem Heiligengeistfeld in Hamburg. Am 2.Januar 1959 ging's los. Die erste Produktion: "Der Fleck an der Wand" und so fühlte er sich auch. Im Laufe der Jahre, nur unterbrochen vom damals noch 12 monatigen Wehrdienst, kamen unzählige Produktionen hinzu. Jobig wurde Aufnahmeleiter, später Produktions-Assistent, Produktionsleiter, selbständiger Produzent. Im Rahmen seiner Arbeit lernte er auch Dagmar Berghoff kennen. Als Produktionsleiter reiste Karl Jobig durch große Teile der Welt. Er bereitete Produktionen vor und traf dabei viele berühmte Persönlichkeiten. Auch die Schattenseiten einer Pleite, musste er 1992 erleben. Jobig: "Ich würde alles wieder so machen, nur nicht selbst haftend bei einer Bank unterschreiben". Das alles formte ihn ... Das Jobig'sche Leben ist bis Heute 'Turbulenz-Pur'. Seit dem er mit seiner französischen Ehefrau Jeannine, beide haben einen Sohn, vor knapp 20 Jahren von Hamburg nach Dresden zog, war er zunächst im Messegeschäft tätig und bewegte sich Schritt für Schritt Richtung Politik. 2012/2013 entwickelte sich die Gründung einer eigenen Partei, die er gern 'Volkspartei der Zukunft' nennt - An seiner Seite steht bereits ein kleiner Kreis von Aktiven. - So entstand dieses Buch; ein weiteres über sein Leben folgt zur Frankfurter Buchmesse 2014 - vorher aber will Jobig mit seinen Freunden die PDE zum Erfolg führen.

Karl Jobig

Kein Anfang und kein Ende

Ein zufälliges Polit-Tagebuch

Bibliografische Information der Deutschen Nationalbibliothek:
Die Deutsche Nationalbibliothek verzeichnet diese Publikation in der
Deutschen Nationalbibliografie; detaillierte bibliografische Daten sind
im Internet über http://dnb.d-nb.de abrufbar.

Herstellung und Verlag: BoD – Books on Demand, Norderstedt
Titel u. Satz: Frank Ruoff – frank-ruoff@t-online.de
Schriftart: Arial 11
ISBN 978-3-7322-4442-3

Vorwort

Nachrichten sind tagesaktuell und oft schon am nächsten Tag überholt. Der Titel dieses Buches „Kein Anfang und kein Ende" ist treffend. Wann das mit den Nachrichten begonnen hat, lässt sich wohl nicht mehr genau feststellen. Ein Ende wird es aber erst geben, wenn der vielfach vorhergesagte Weltuntergang stattgefunden hat – Morgen, Übermorgen, in Jahrhunderten oder Jahr-Millionen. Dieses Buch überblickt nur einen ‚klitzekleinen' Ausschnitt.

Ich kenne Karl Jobig seit langer Zeit, auch aus gemeinsamer Arbeit. Briefmarkenfreunde unter Ihnen mögen sich erinnern an die Reihe ‚Briefmarken – nicht nur für Sammler'. Eine Sendung, die ebenfalls von der Mischung aus Aktualität und Geschichte lebte. Diese Mixtur ist auch die Basis des täglichen ‚Nachrichten-Geschäfts'. Über die Zeit gesehen, wiederholt sich so manches. Dem Satz „Geschichte wiederholt sich nicht" habe ich immer reserviert gegenüber gestanden. Sie wiederholt sich doch – genauso wie Fehler. Deswegen wird es immer problematisch sein, jungen Leuten zuviel hineinzureden. Es ist wohl ein Drang, seine Fehler selbst zu machen. Ihnen, mir und auch dem Autor wird das so ergangen sein, auch wenn man das nur ungern zugibt. Erst wenn's passiert ist, stellt man sich die Frage „Warum hat mich keiner gewarnt...?"

Ich will Ihrem Urteil nicht vorgreifen, wenn ich für mich feststelle, dass sowohl der Titel dieses Buches, als auch die Machart ungewöhnlich ist.

Ihre

Dagmar Berghoff

Meine Gedanken und Fakten zum ‚Vorwahltag

21.September 2013

Wie kommen eigentlich die Damen und Herren Abgeordneten in den Deutschen Bundestag? Fallen sie vom Himmel.. NEIN – Sie werden gewählt durch demokratische Wahlen.

Wer wählt? Richtig - SIE. Verrückt ist, es wählen sogar die, die überhaupt nicht wählen. Warum ? Je geringer die Wahlbeteiligung, desto höher die Chance für GRÜNE, DIE LINKE, die FDP, Piraten, AfD, Freie Wähler; ja selbst die NPD könnte profitieren. Noch mal "Warum" - Erfahrungsgemäß gehen die Wähler der kleinen Parteien motivierter zur Wahl, weil sie wissen, dass jede Stimme zählt. Bleiben aber viele der Stammwähler von CDU/ CSU und SPD aus Bequemlichkeit zu Hause, kommt es schnell zu Ergebnissen die eigentlich so nicht gewollt sind. Das hat nichts mit Vernunft zu tun, sondern mit Prozent-Rechnen ... Und es kommt noch ein Irrsinn hinzu, der auf keinem Wahlzettel steht: Die Koalition. Die SPD u. die Grünen, aber auch die CDU/CSU und die FDP "lassen zumindest erkennen", dass sie auch eine Koalition bilden, wenn es das Wahlergebnis erfordert.

Gemunkelt und spekuliert wird natürlich auch über GROSSE KOALITION, SCHWARZ / GRÜN, JAMAIKA, ROT / ROT / GRÜN. Aber keine dieser Verbindungen kann auch vom Wähler angekreuzt werden - eine mögliche Regierung erreichen wir nur indirekt über die Wahl und "Nichtwahl" - direkt erreichen wir sie über Mathematik. Schuld sind diesmal weniger die Wähler, sondern unser Wahlrecht...

Der Deutsche Bundestag wird auch gern VOLKSVERTRETUNG genannt. 5,2% der arbeitenden Bevölkerung sind im Öffentlichen-Dienst tätig, weniger als 1% sind Anwälte. Die genannten gut 6%

6

dominieren mit über 60% in Regierung und Opposition das Parlament. Das ist die Wurzel allen Übels und vieler Ungerechtigkeiten. Damit es keine Missverständnisse gibt: Ein öffentlicher Dienst sorgt für ein funktionierendes Gemeinwesen. Gute Juristen sind unverzichtbar.

Aber wie kommt denn eine Kandidatin oder ein Kandidat auf den Wahlschein? Dafür sorgen die Kreisparteitage der Parteien. Dort stellen sich Bewerber vor und werden meist spät am Abend vom verbleibenden Rest nominiert. Die arbeitende Bevölkerung ist meist nach Hause gegangen. Geblieben sind viele junge Leute (ohne Lebens- und Berufserfahrung), Anwälte aus weniger gut laufenden Kanzleien und natürlich Staatsbedienstete. Grundsätzlich - und das will ich deutlich sagen: AUSNAHMEN BESTÄTIGEN DIE REGEL. Auf diese Art rutscht 'Gott sei Dank' auch der ein oder andere Experte ins Parlament. Fakt ist aber: In Regierung und Opposition dominieren die "Cheftheoretiker", die noch nie in ihrem beruflichen Leben verantwortlich und haftend ein Unternehmen geführt haben inkl. der monatlichen Zahlungen an die Mitarbeiter. Der Öffentliche Dienst wird, egal ob die Qualität stimmt, vom Steuerzahler finanziert. Die Anwälte leben über Honorar und Gebührenordnung und müssen, das darf nicht vergessen werden, natürlich auch Mitarbeiter bezahlen. Ein selbständiger Anwalt ist ein Unternehmer in einer Sonderrolle.

Die Bundesrepublik Deutschland wird wesentlich getragen, vom Unternehmertum mit seinen Mitarbeitern. Arbeitgeber und Arbeitnehmer sind Partner und keine Gegner. Das gilt für den weitaus größten Teil der Wirtschaft. Das ist seit Jahrzehnten die Voraussetzung, dass unser Land in Europa und der Welt eine herausragende Stellung hat; nicht wegen der Politik sondern trotz der Politik, für die Haftung und Verantwortung nur Worthülsen sind. Wenn' s schief geht, kostet es nicht Kopf und Kragen, bestenfalls die Karriere.

SOZIALE MARKTWIRTSCHAFT funktioniert nur über eine florierende Wirtschaft. Wer meint, es geht auch anders, soll sich die Geschichte von Sozialismus und Kommunismus zu Gemüte führen - wer es dann nicht begriffen hat, dem ist ohnehin nicht zu helfen. Das gilt auch für linkslastige Träumer unter unserer Professorenschaft, die meist auch vom Steuerzahler finanziert werden.

Wenn die Damen und Herren Wähler etwas ändern wollen - Bitte - Wie es auch immer ausgeht: Schuld sind Sie selber, wenn Sie sich vor der Wahl nicht schlau machen...

CDU / CSU, SPD, FDP und GRÜNE sind verantwortlich für das was ist. Über Die Linke und die professorale AfD will ich mich nicht äußern.

Die Bundesrepublik Deutschland wird wesentlich getragen, vom Unternehmertum mit seinen Mitarbeitern. Arbeitgeber und Arbeitnehmer sind Partner und keine Gegner. Das gilt für den weitaus größten Teil der Wirtschaft. Das ist seit Jahrzehnten die Voraussetzung, dass unser Land in Europa und der Welt eine herausragende Stellung hat; nicht wegen der Politik sondern trotz der Politik, für die Haftung und Verantwortung nur Worthülsen sind. Wenn' s schief geht, kostet es nicht Kopf und Kragen, bestenfalls die Karriere.

SOZIALE MARKTWIRTSCHAFT funktioniert nur über eine florierende Wirtschaft. Wer meint, es geht auch anders, soll sich die Geschichte von Sozialismus und Kommunismus zu Gemüte führen - wer es dann nicht begriffen hat, dem ist ohnehin nicht zu helfen. Das gilt auch für linkslastige Träumer unter unserer Professorenschaft, die meist auch vom Steuerzahler finanziert werden.

Wenn die Damen und Herren Wähler etwas ändern wollen - Bitte - Wie es auch immer ausgeht: Schuld sind Sie selber, wenn Sie sich vor der Wahl nicht schlau machen... CDU/CSU, SPD, FDP und GRÜNE sind verantwortlich für das was ist. Über Die Linke und die professorale AfD will ich mich nicht äußern. –
Die von mir gegründete PDE verspricht Zukunft und wird ihr Versprechen halten, wenn die Wähler wollen ! – Leider noch nicht bei dieser Wahl). Das scheitert an bürokratischen Hürden; spätestens bei den nächsten Wahlen, sind wir bereit – selbst wenn es vorgezogene Neuwahlen im Herbst 2014 sind.

Die Ouvertüre / Das Vorspiel

Wenn dies ein Krimi wäre, wissen Sie zumindest schon am Anfang, wer der „Mörder" ist. (gemeint Wahlsieger-in)

Der Titel des Buches steht für die ‚Politik' an sich

Dass ich mal ein Buch schreiben würde, war mir nicht in die berühmte „Wiege" gelegt. Das hat sich aus meinem politischen Engagement der vergangenen zwei Jahre so ergeben; mit viel Erfahrung im ‚geistigen Gepäck'.... Nach Jahrzehnten in der CDU bin ich ausgetreten, um auf meine ‚alten Tage' noch einmal durchzustarten, weil ich etwas verändern will; immerhin war kein geringerer als Konrad Adenauer bei seinen Anfängen auch schon ‚74'. Das ist aber auch die einzige Parallele zum Altkanzler. Heute würde ich Herrn Adenauer nicht einmal mehr wählen, weil er zur Klasse der Verwaltung, zum Öffentlichen Dienst zählt. Beim Wiederaufbau war er allerdings eine Ideal-Besetzung. Er verstand etwas von Verwaltung; immerhin war er Oberbürgermeister der Stadt Köln. 1957, ich war noch nicht 20, habe ich, wie auch in den späteren Jahren für die CDU ‚wahlgekämpft'. Bevor wir gemeinsam ins aktuellere Geschehen springen, will ich aber noch zwei weitere Namen ins Spiel bringen, die ebenfalls für meine Grundüberzeugungen von besonderer Bedeutung waren:

Ludwig Erhard, der Vater des Wirtschaftswunders und Mit-Erfinder der Sozialen Marktwirtschaft; fast schon vergessen ist der con geniale Finanzminister Fritz Schäffer (1949-1957), der trotz Wiederaufbau bis Heute der einzige Finanzminister geblieben ist, der ein Guthaben angespart hat –scherzhaft: Der Juliusturm.

Für mich sind Adenauer, Erhard und Schäffer die ‚Urväter' der Sozialen Marktwirtschaft.

Daraus entwickelte sich das Credo der von mir gegründeten PDE Politik für Deutschland in Europa; gepaart mit der Erkenntnis, dass Soziale Marktwirtschaft nur mit einer florierenden Wirtschaft funktionieren kann. Ich denke dabei auch an die ersten Schritte zu einem

Europa: Montanunion und später EWG, sind fast vergessene Begriffe. Die Wurzeln der EU reichen bis in die 50er Jahre zurück. Die PDE will eine Entwicklung vorantreiben, die irgendwann einmündet in: Die Vereinigten Staaten von Europa, einem Europa im Wettbewerb der Mitgliedstaaten, ohne Schuldenhaftung mit der Gemeinschaftswährung €URO und einer europäischen Kommunikation in Englisch. Das mit der Schuldenhaftung, der Gemeinschaftswährung und der gemeinsamen Sprache, dürfen wir getrost bei den Amerikanern abschreiben. Die Vereinigten Staaten von Europa sind trotz allem etwas Besonderes durch die kulturelle Vielfalt ihrer Mitgliedsländer; dazu gehört auch die jüdisch-christliche Tradition. Dem steht der Islam im Wege. Eine Freundschaft mit der Türkei und anderen gern, nur – Europa endet am Bosporus und am Ural. Die Türkei, aber auch Russland können wegen ihrer Landmasse und ihren Außengrenzen nicht zu Europa zählen. Europa endet nun mal nicht an den Grenzen zum Iran, zum Irak, Syrien oder etwa der Mongolei oder China. Das sollten auch alle die bedenken, die immer noch einem Nationalstaat Deutschland nachtrauern und von der D-Mark träumen. Die deutschen Geschichtensammler Gebrüder Grimm, würden jetzt sagen…"Es war einmal…":

Deutschland:
Nicht nur das Land der Dichter und Denker…
Wir sind auch das Land der Forscher, Ingenieure, Unternehmer, Arbeitnehmer, Arbeitslosen, der Wohlhabenden, der weniger wohlhabenden, der Armen und Kranken usw. usw. usw. – Wir sind ein Land der Vielfalt und leben auf einer Insel der Glückseligen. Letzteres sei den ewigen Meckerern „ins Gebetbuch geschrieben"… Und trotzdem – alles könnte zum Wohle vieler noch besser sein. Voraussetzung: Alle gehen zur Wahl und informieren sich über das was zur Wahl steht. Nicht zur Wahl gehen, hat nichts mit Freiheit und Demokratie zu tun, bestenfalls mit Egoismus und Dusseligkeit. Da lohnt es sich auch über den Begriff „Idiot" nachzudenken, der aus dem Griechischen stammt. Als „idiotes" bezeichneten die alten Griechen jemanden, der sich nicht für die öffentlichen Dinge interessierte. Idiot ist eigentlich keine Beleidigung, sondern nur eine Zuordnung …

Was Schwarze, Rote, Blaugelbe und Grüne in Jahrzehnten angerichtet haben, ist bekannt. Deutschland hat über 2 Billionen Schulden, Tendenz leider steigend. Den öffentlichen Haushalten fehlen
Jahr für Jahr über 30 Milliarden €, die für Zinszahlungen ‚drauf gehen'. Bevor meine Frau und ich die Briefwahlunterlagen anfordern,
lesen wir zumindest „quer", was so angeboten wird. Das ist schwierig genug, denn häufig lassen sich Parteien auch von Werbeagentu-
ren „verkaufen". Regierende und Opposition müssen sich aber messen lassen, an dem was sie geleistet haben. Versprochen wurde
uns schon viel … Nur neue Kräfte dürfen noch versprechen, mit der
Konsequenz, dass sie wiedergewählt werden oder wegen
Versagens, eben nicht… Ich, Karl Jobig, bin, gelernter Industriekaufmann und als ehem. TV – Mann weit in der Welt herum gekommen. Ich war viele Jahre selbständig und Unternehmer. Ich
habe lange nachgedacht und auch hochkarätige Gedanken anderer
verwendet. Die Konsequenz: Gründung der PDE (vorm.PFDE) Politik für Deutschland in Europa eine unvorbelastete Alternative. Das
fängt schon beim Namen an. Nur in der Gründungssatzung heißt es.
PDE ist eine Partei im Sinne des Parteiengesetzes, sonst kommt
das Wort Partei nicht mehr vor. Wir versprechen und fordern so Einiges, was aber nur zu halten ist, wenn die Wähler uns stark machen. Eine Splitterpartei bewegt nichts! Wir bringen unsere Lebenserfahrung ein, kein Politikstudium, sondern das Wissen, um die Bedeutung des Mittelstands mit all seinen Vielschichtigkeiten. Das alles
nur für den Hintergrund, damit Sie dieses Buch besser verstehen.
Ich will Ihnen die Partei Ihrer bisherigen Wahl nicht vordergründig
vermiesen. Wählen Sie ruhig weiter CDU, CSU, FDP, SPD, GRÜNE
und andere. Sie sollten nur wissen, dass es spätestens zur nächsten
Wahl, eine wirkliche Alternative gibt.
Mittelstand, so wie ich ihn definiere, ist die Erfolgsmischung von
Arbeitgebern UND Arbeitnehmern, den aktiven und den Damen und
Herren im wohlverdienten Ruhestand.
Der Mittelstand ist mit über 90% die Grundlage für das Haus
Deutschland in Europa; zu diesem Fundament zählt natürlich auch
die Industrie. Und dann gibt es da noch eine wichtige, kleine Grup-
pe, die 5,2% der arbeitenden Bevölkerung (gut 42 Millionen) aus-
macht, den Öffentlichen Dienst. Und damit sind wir beim Dilemma
der Volksvertretung, die eigentlich gar keine ist. Nun gut, es kann

nicht jeder Beruf durch eine Dame oder Herrn als Abgeordneter vertreten sein, aber das eine 5,2% Minderheit (Öffentlicher Dienst), aufgepeppt durch überproportional viele Juristen, mit über 60% die Volksvertretung dominieren, war sicher nicht Idee der Mütter und Väter des Grundgesetzes.

Wir sollten das politische System wieder vom Kopf auf die Füße stellen. Der erste Schritt: Wir suchen in allen 299 Wahlkreisen Damen und Herren aus der freien Wirtschaft, die über eine längere Berufserfahrung verfügen, möglichst auch englisch sprechen und aus Erfahrung wissen, was Verantwortung und Haftung ist. Firmenchefs spielen dabei eine wichtige Rolle. Sie müssen, falls die Aufstellung „schief geht", eine Rückkehrgarantie für den Betrieb geben. Das gilt auch nach Ablauf von ein bis maximal zwei Legislaturperioden. Die Abgeordneten dürfen nur einmal wieder gewählt werden, damit sie nicht zu Berufspolitikern werden. Rentner dürfen ihre Erfahrungen ebenfalls einbringen und sich bewerben. Eine Verpflichtung haben Abgeordnete der PDE in jedem Fall: Anwesenheitspflicht bei Plenarsitzungen. Dabei gibt es bei Abstimmungen keinen „Fraktionszwang". Diese Unsitte schließt das Grundgesetz aus. Die Parteien sollten das ernst nehmen. Das Grundgesetz gilt, deswegen heißt es unter anderem so, g r u n d s ä t z l i c h. (was aber der Zeit angepasste Änderungen nicht ausschließt.). Über einen Lieblingsgedanken von mir, höre ich jetzt schon viele Rechtsgelehrte „mosern" – wobei das, was Sie jetzt lesen, aus Lebenserfahrung ‚geboren' ist: „Wir leben in einem Rechtsstaat nach Gesetzen. Nur ein Richter, ein Gericht, kann im begründeten Einzelfall auch anders entscheiden – Ich war einige Jahre Ehrenamtlicher Richter im OVG Hamburg, 2.Senat und hätte mir schon damals gewünscht, dass Urteile gerechter ausfallen; immerhin ergehen sie ‚Im Namen des Volkes' und nicht im Namen der Juristen….

So, nun aber genug Ouvertüre und Vorspiel - Vorhang auf für viele kurze Akte mit Randbemerkungen …. Wenn sich ab und an Einiges wiederholt, liegt das in der Natur der Sache und ist glatte Absicht – nur beim Wiederholen, bleibt was hängen….

Freitag 23 Nov. 2012 14.32

Steuerstreit mit dem Nachbarland: Bundesrat kippt Steuerabkommen mit der Schweiz

Bundesrat: Rot/Grün erhöht entstandenen Schaden...Die Länder schaden sich selbst. Wie auch immer das Steuerabkommen mit der Schweiz zu bewerten ist...Es ist zumindest ein erster Schritt in die richtige Richtung und bringt den Ländern viel Geld in die Kasse. Die spielen aber auf Zeit, mit ungewissem Ausgang. "Lieber den Spatz in der Hand, als die Taube auf dem Dach", sollte zunächst die Devise sein. Steuerhinterziehung ist kriminell - Der Aufkauf geklauter CD's ist Hehlerei und somit auch kriminell. Finanzminister Borjans NRW versucht sich das schön zu reden. 72.000 Steuergesetze und - Verordnungen sind die Basis für den Steuerbetrug. Abhilfe: Ein gerechteres und einfacheres Steuersystem, bietet Abhilfe.

Mehrwertsteuer runter auf 5% für die Dinge des täglichen Lebens. 19% steigt auf 20%.
Neu: 25% auf alles, was das Leben schöner macht, aber nicht unbedingt nötig ist.

Einkommen- und Lohnsteuer 10% - 20% - 30% / Firmengewinne pauschal 30%. Höhere Steuern fördern die Steuerflucht.

Freitag 23 Nov. 2012 15.37

Überraschende Analyse: Solaranlage doppelt so rentabel wie ein Festgeldkonto

Problem-Verursacher Solar: Die Bundesregierung...Hier reicht der Platz nicht aus, um eine andere Energiepolitik zu erklären.* Fakt ist, dass eine staatliche Förderung zunächst wie eine gute Absicht klingt, aber Steuergelder vernichtet. Effektiver wäre die Forderung, dass zukünftig nur noch Baugenehmigungen erteilt werden, wenn im Rahmen des Vorhabens alternative Energieversorgung mit eingeplant wurde. Die Angebote sind vielfältig. Innerhalb von 15 Jahren muss Deutschland bei allen geeigneten Gebäuden nachrüsten. Das erzeugt einen gewaltigen Schub bei der Industrie, dem Handwerk und dem Handel. Der Staat profitiert und spart Fördermillionen ein. Dem Bürger kostet die Anfangsinvestition zwar Geld, aber mit einem langfristigen Spareffekt. Viele erzielen sogar Einnahmen und Gewinne..

*Im Kommentar reichte der Platz nicht. Hier will ich Ihnen Ideologie frei und unter Verwendung des Wissens und der Erkenntnisse von Fachleuten, den von mir und meinen Freunden propagierten ENERGIEMIX näher bringen:

ENERGIEVERBRAUCH IST IMMER –
SONNE UND WIND LEIDER NICHT.

Wieder werde ich Ärger kriegen, wenn ich für mich feststelle, dass „Atomkraft – Nein Danke" in Verbindung mit Bündnis 90 – Die Grünen, die Urväter und Mütter der Erneuerbaren Energie-Politik sind, die letztlich verantwortlich ist für die rasant steigenden Stromkosten. Jeder Haushalt spürt das im Portemonnaie – denen mit den kleineren Einnahmen tut das besonders weh. Weh tut es auch der Wirtschaft, wenn durch steigende Kosten Arbeitsplätze gefährdet werden.
Im Späteren gibt es noch Gelegenheit, das mit der Energie genauer zu beleuchten …

Freitag 23 Nov. 2012 18.24

„Polen sind fleißiger als Deutsche" Warum Gauck den Blick für die Gesellschaft verloren hat

Das kann der Herr Bundespräsident so nicht gemeint haben. Er sollte das dringend erklären und das Porzellan kitten, das er damit zerschlagen hat. Vielen Dank, Martina Fietz (Hauptstadtbüro Focus), dass Sie etwas beleuchten, das unser Verhältnis zum Nachbarn belasten könnte. Die Polen können ja zufrieden sein....

Damit hier keine Missverständnisse aufkommen: Meine Frau und ich, 44 Jahre glücklich verheiratet, haben ansonsten mit dem Herrn

Bundespräsidenten „in wilder Ehe" keine Probleme. – Pfarrer ist wohl keine schlechte Vorbildung für dieses Amt...

Montag 26 Nov. 2012 14.31

Wohnungen werden knapp: Millionen Mieter in der Falle

...und der Staat verdient munter mit. Die Ursachen für unverhältnismäßige Mietsteigerungen verursacht der Gesetzgeber, durch oft "idiotisch nicht zu ende gedachte" Gesetz-Konstrukte. Wer das ausnutzt für seinen Vorteil, dem ist eigentlich nichts vorzuwerfen. Erst wenn wir unsere Bürokratie entmüllen und der gesunde Menschenverstand wieder in gesetzliches Handeln einzieht, werden die Grundlagen für gewaltige Mietsteigerungen verschwinden. Sozialismus hat noch nirgendwo auf der Welt vorbildhaft funktioniert, ausufernder Kapitalismus auch nicht. Die Soziale Marktwirtschaft und der alte Spruch "Leben und leben lassen" müssen zur Hochblüte kommen.
Für die Lösung des Problems heißt es – zurück in die Gründerjahre der Bundesrepublik Deutschland. Der Soziale Wohnungsbau muss wiedergeboren werden. Das Modell der DDR führte über die Jahre in die Pleite. Der Staat taugt als Baumeister nichts. Das hat er gerade in den letzten Jahren schmerzhaft bewiesen.
Warum aber entwickeln Architekten im Wettbewerb nicht ein leicht reproduzierbares Modell von 2-, 3- und 4-Raum Wohnungen mit Minimalausstattung – so eine Art ‚Edelplatte'. Die Produktion und die Vermietung von 300 Tausend Wohnungen, werden begrenzt an leistungsfähige Gesellschaften in Deutschland ausgeschrieben. Sie garantieren zunächst auf 20 Jahre eine staatlich festgelegte Sozialmiete. Im Gegenzug gewährt der Staat einen Rabatt auf die steuerliche Belastung der Großunternehmen von 25%. Aber Kreativität lässt der Staat wohl nur bei Steuererhöhungen walten?!

28.11.12 – **Teure Energie**

(BPP) Diese Feststellung gilt nicht nur für den elektrischen Strom, sondern auch für den Griff ins Portemonnaie der Autofahrer. Die überteuerten Treibstoff-Kosten wirken sich auch aus auf das öffentli-

che Transportwesen und über die LKW bis hin in die Lebensmittel-
regale. Hier ist „Vater Staat" mit verantwortlich für steigende Preise
durch falsche Energie- und Steuerpolitik. Es geht auch anders, wenn
mehr ‚gesunder Menschenverstand' ins Spiel kommt.
Beim Einschalten von Phantasie ginge es auch anders: Bei den
Treibstoffkosten zum Beispiel, berechnet der Staat künftig die Besteuerung auf festgelegte 1,20 € pro Liter und verdient bei Preisstei-
gerungen nicht mehr mit. Das wäre die richtige Richtung.

Mittwoch 28 Nov. 2012 16.38

Steuerpolitik: Der Umverteilungs-Irrsinn geht wieder los

Uli Dönch vom Focus, legt ganze Hände in die Wunde -...
Es wird deutlich, dass es unter den etablierten Parteien praktisch
keine Lobby für die gibt, die unsere Wirtschaft wesentlich tragen:
Der Mittelstand mit Arbeitgebern UND Arbeitnehmern muss sich
vorkommen wie eine 'Randgruppe'. Es gibt aber durchaus Kräfte,
die diese Lobby sein könnten - nur weiß das immer noch kaum einer. Der Steuerdschungel muss durchgeforstet werden. Es kann
nicht angehen, dass nur der gewinnt, der sich einen Steuerberater
leisten kann. Der Staat darf nicht permanent seine "Milch gebenden
Kühe" auf Diät setzen.

Hinter dem Begriff ‚Umverteilen' steht die ‚sozialistische Philoso-
phie': Man nimmt es den Reichen und gibt es den Armen; zugegeben– etwas schlicht formuliert, trifft aber den Kern.

Wesentlich wird mit dieser höchst zweifelhaften Politik doch nur der
Neid befriedigt. Seit Menschengedenken hatten immer in unter-
schiedlichen Abstufungen die Einen mehr als die Anderen. Die Basis
einer gerechteren Welt liefert aber nur eine freie, soziale Marktwirtschaft. Die wiederum setzt eine florierende Wirtschaft voraus, ange-
trieben von Unternehmern und vorangebracht von Arbeitgebern
UND Arbeitnehmern. Der so genannte Mittelstand im Zusammen-
wirken mit der Industrie hat unser Land in Europa und der Welt in
eine Spitzengruppe gebracht. Das muss die Politik mit aller Macht
unterstützen. Tut sie das aber??? Die Bürokratie hat sich vielfach

16

zum reinen Selbstzweck entwickelt. Über 70.000 Steuergesetze und
–Verordnungen regeln aber nichts, sondern sind ein gigantisches
Beschäftigungsprogramm für Steuerberater und Fachanwälte. Die
kann sich leider nicht jeder leisten…

Im Spektrum der Parteienlandschaft bietet einzig die aufstrebende
PDE eine Alternative. Hier geht es nicht um Umverteilung, sondern
um neue Politik. Der „Bierdeckel" von Friedrich Merz muss zum aktuellen Schlagwort werden. Statt Umverteilung, ein Bekenntnis zur
SOZIALEN MARKTWIRTSCHAFT.

Donnerstag 29 Nov. 2012 11.32

Erhoffte Aufwertung in UN:
Deutschland enthält sich bei Palästina-Abstimmung

Außenminister Westerwelle "kneift" Die EU bietet dank Herrn Westerwelle ein uneinheitliches Bild. Die Argumente für seine Enthaltung
sind schwach und inkonsequent.

Allein „diese Nummer" macht deutlich, wo die EU unter anderem
ihre Schwäche hat. Die EU und irgendwann mal ‚Die Vereinigten
Staaten von Europa' werden nur funktionieren, wenn sie mit einer
Stimme sprechen. Ein gewählter europäischer Präsident ist zugleich
der EU-Außenminister. – Zur Erinnerung: Auch Konrad Adenauer
war mal eine zeitlang Kanzler und Außenminister in einer Person.

Donnerstag 29 Nov. 2012 16.18

Rekord-Tickernachlese zum Bundestag:
Aus! Aus! Aus! Die Marathon-Sitzung ist aus!
Asylmissbrauch - traurige Realität…- leider hat sich 'rumgesprochen'
das Deutschland so eine Art " EU/Welt-Sozialamt" ist. Das können
wir aber nicht leisten! Damit eins klar ist: Jeder ist bei uns willkommen, solange er respektiert, dass er deutsche Gesetze und insbesondere das Grundgesetz anerkennen muss. Asylbewerber sind
Gäste mit befristeter Aufenthaltsgenehmigung. Ihr Antrag wird geprüft. Eine eventuelle Genehmigung schließt die sofortige Arbeits-

genehmigung mit ein. Wenn die Gefahr im ursprünglichen Heimatland vorbei ist, muss der Asylant seine Rückkehr organisieren. - Wer auf Dauer nach Deutschland kommen will, muss das bei der Botschaft im Heimatland beantragen, Kurse über Politik und Kultur besuchen und Grundkenntnisse der Sprache erlernen. Eine Einreise in die deutsche Sozialgesetzgebung ist nicht statthaft.

Freitag 30 Nov. 2012 16.30

Finanzielle Erleichterungen beschlossen:
Bundestag stimmt neuen Milliardenhilfen für Griechenland zu

Wer Schulden hat soll sich melden ! Die große Mehrheit im Bundestag "entlastet und erleichtert" gern. Schuldenhaftung für Dritte ist doch toll. Wir besprechen das gerade in der Hausgemeinschaft. Alle sind „begeistert". (Spinnt Jobig?)

Samstag 01 Dez. 2012 12.10

Ratingagentur stuft ESM und EFSF herab:
Euro-Rettungsschirm verliert sein Spitzenrating bei Moody's

Nicht verrückt machen lassen: Meine Konsequenz: Ich stufe Moody's & Co. zurück auf RAMSCH. Das sind private Interessenvertreter....

Freitag 30 Nov. 2012 18.32

Unterlagen zum Bau fehlen:
Siemens über den Pannen-Flughafen: Wissen nicht, was eigentlich zu bauen ist.
Ja, ja - der Öffentliche Dienst ... Viele von den BER-Desaster-Verantwortlichen, sollten "die Fliege machen". Damit wäre dann der "Fluchhafen" eröffnet....

Montag 03 Dez. 2012 17.22

**„Kumpanin von Menschenrechtsverletzern":
Grüne warnen Merkel vor Panzer-Export nach Saudi-Arabien**

Hin und wieder sind GRÜNE weltfremd ! Nett, Frau Roth, dass Sie und die GRÜNEN gegen den möglichen Panzerexport nach Saudi-Arabien sind. Was glauben Sie, wie die Arbeitnehmer in der entsprechenden Industrie darüber denken. Wenn wir keine Panzer liefern, freut sich die Konkurrenz. Das mit den Kriegen ist seit Urzeiten "menschlich" - so unmenschlich es auch ist. Wenn's nach Ihnen und mir geht, dürfte es gar keine Kriege geben. Bei aller guten Absicht: Sie sind weltfremd. Und jetzt wird's traurig, absurd, aber wahr: Hitler, Gaddafi und andere sind nur verschwunden durch Gewalt!!

Dienstag 04 Dez. 2012 13.33

**CD enttarnt deutsche Steuer-Hinterzieher:
UBS-Kunden verschoben fast drei Milliarden in die Schweiz.**

Warum werden Milliarden verschoben...Grundsätzlich: Steuerbetrug ist kriminell. Aufkauf gestohlener CDs ist es auch. Der Staat darf sich nicht mit Hehlern gemein machen. - Warum das alles? Bei über 70.000 Steuergesetzen u. -Vorschriften, fühlt sich so mancher über den Tisch gezogen. Die Steuerzahler erleben immer wieder, dass die "Volksvertreter" mit dem Steuergeld verschwenderisch umgehen. Schuldenhaftung für Dritte ist nur ein Beispiel. Solange unsere Gesetzgebung nicht einfacher und klarer wird, ist sie im Kern fast immer ungerecht. Bei über 2 Billionen Staatsschulden, ist unser Land faktisch pleite. Dass es nicht so ist, liegt an der Wirtschaft mit Arbeitgebern UND Arbeitnehmern. Ich will mit meinen Freunden für ein neues Steuerrecht eintreten und dem Steuerbetrug wesentlich die Basis nehmen.

Mittwoch 05 Dez. 2012 16.49

Transparency International klagt an: Das sind die korruptesten Länder der Welt

Altes Sprichwort: Geld regiert die Welt...In Deutschland wird sich erst etwas durchgreifend ändern, wenn Menschen zum Zuge kommen, die noch feste Vorstellungen von Haftung und Verantwortlichkeit haben. Solange im Management Millionen verdient werden, wird es auch immer Neid geben. Das erst ermöglicht Korruption. Eine andere Politik muss den Boden dafür "entgiften".

Donnerstag 06 Dez. 2012 14.46

Nächster Anlauf gegen rechtsextreme Partei: Ministerpräsidenten beschließen neues NPD-Verbotsverfahren

Theoretisch richtig - praktisch Unsinn.. Was "gewinnen" wir durch ein Parteiverbot: Das nazistische Gedankengut geht in den Untergrund, wo es ohnedies teilweise schon ist. Der Untergrund ist schlechter zu kontrollieren, als wenn die NPD offen ihre Thesen vertritt. Sie sind so leichter zu entzaubern und zu demaskieren. Im Untergrund können die Unverbesserlichen noch ungenierter agieren. Nein, mir ist "wohler", wenn die NPD auf dem Wahlzettel bleibt.

Wenn die NPD verboten ist, kann sie ruhig und unbeobachtet vor sich hin arbeiten. Angst vor Geheimdiensten muss sie ja nicht mehr haben, wenn NSA und Co auch überwacht werden... So bekommt der Wahnsinn Methode.

Montag 10 Dez. 2012 19.14

Strafe für Ausschreitungen: Verband schließt Dynamo Dresden von DFB-Pokal aus

DFB macht den Fußball kaputt Dieses weltfremde Urteil erschrickt doch keine Krawallbrüder, die sich als Fans betrachten. Ein Fußballverein, seine Mannschaft und seine anständigen Zuschauer werden für etwas "bestraft", was sie nicht getan haben. Prügel- und Feuerkriminelle müssen angezeigt, bestraft und mit langen Stadionsverboten belegt werden. Die DFB-Gerichtsbarkeit hat krachend versagt.

Montag 10 Dez. 2012 19.30

DFB-Pokal: 12.000 Euro Strafe für Pokalschreck Kiel

DFB läuft "Amok" - Für eine Minderheit von Flegeln, können weder Vereine noch die Masse der Zuschauer etwas. Was sich der DFB da raus nimmt, ist nicht zu verantworten. In Sachen Ausschluss aus dem DFB-Pokal wird Wettbewerbsverzerrung betrieben. In Sachen Holstein Kiel läuft ein Verein Gefahr, seine Existenz zu verlieren. Bestrafen JA, aber die richtigen.

Die DFB – Gerichtsbarkeit soll sich um den Fußball kümmern. Strafrechtsverletzungen ahnden in Deutschland ordentliche Gerichte ohne „DFB-Sippenhaftung".

Dienstag 11 Dez. 2012 13.56

Aus für Opel-Werk in Bochum: Rösler:
„Ich bin sauer auf General Motors"

OPEL verkauft zu wenig Autos...Wem will man das vorwerfen? Da geraten selbst Gewerkschaftler an ihre Grenzen. Wobei doch manche der Damen und Herren ganz gute "Verkäufer" sind... Es ist traurig, dass das Damoklesschwert über Bochum hängt. Solange nicht weltweit ausreichend OPEL verkauft werden, führt an der Verkleinerung der Firma wohl kein Weg vorbei. Trotzdem: Bis 2016 darf niemand die Hoffnung aufgeben. Hoffen wir, dass OPEL noch "die Kurve kriegt".

Das schnelle Rezept: Gewerkschaftsfunktionäre und Politiker kaufen jede Menge Opel.

Mittwoch 12 Dez. 2012 14.04

Bahnhofsprojekt kostet eine Milliarde mehr: Bahn blamiert sich mit Kostenplan für Stuttgart 21

Kann die Öffentliche Hand nicht mehr rechnen...?

Elbphilharmonie Hamburg, BER Flughafen Schönefeld, Wald-
schlösschenbrücke Dresden, Stuttgart 21 usw. usw. - Da reden wir
über die Qualität unserer Schulen und müssen feststellen, dass offensichtlich auch schon früher nicht gescheit gerechnet werden
konnte. Wie ist es sonst zu erklären, dass sich überwiegend bei
Bauämtern und ähnlichen Behörden Menschen tummeln, die "Spaß
am Verrechnen" haben. Warum werden öffentliche Aufträge so wenig gegen Festpreis vergeben??

Mittwoch 12 Dez. 2012 16.44

Abstimmung zum Sicherheitskonzept:
Künftiger DFL-Chef Rettig: Fehler im Umgang mit Fans

Der DFB soll sich mit dem Spiel beschäftigen...Für die Rüpeleien,
die Schlägereien und die Feuer-Attacken, ist der Staat zuständig.
Für die genannten Kleinkriminellen fehlt mir jedes Verständnis. Das
sind vor allen Dingen keine Fans: Sie stellen sich selbst in den Mittelpunkt und sind wichtiger als ein Spiel. Die DFB-"Gerichtsbarkeit"
mit ihren Urteilen, erinnert an die Sippenhaft vergangener Zeiten.
Diese Urteile stehen dem DFB nicht zu.

Feuert Euren Verein an. Jubelt über Erfolge und seid traurig, wenn's
schief geht.... Fußball kann so schön sein!!! Sperrt' seine Fratze
aus!!

Donnerstag 13 Dez. 2012 12.10

Opposition lehnt Nachverhandlungen ab:
Steuerabkommen mit der Schweiz endgültig gescheitert

Wir ham's ja ...Dass ausgerechnet SPD und GRÜNE mal so eben
locker auf 10 Mrd. € Steuern verzichten können, ist schon verwun-
derlich. Unsere Oma hat immer gesagt "Lieber den Spatz in der
Hand, als die Taube auf dem Dach" - aber soweit ich mich erinnere,
war Oma weder rot noch grün...Aber mal im Ernst: Sind über 72
Tausend Steuergesetze und -Vorschriften noch normal? Wird da
schon Steuerhinterziehung zur Notwehr und staatliche Hehlerei zur

Notwehr gegen die Notwehr. Der Irrsinn muss weg. Ich kenne eine
noch kleine Truppe, die unsere
Steuergesetze vereinfachen will. Mehrwertsteuer, Lohn- u. Einkom-
mensteuer, Gewinnbesteuerung. Alles klar und einfach. Steuerflucht
betreiben dann nur noch Ganoven.

Freitag 14 Dez. 2012 11.44

NPD-Verbot: Nein zur NPD:
Bundesrat zieht vors Verfassungsgericht

NAZI-Gedankengut – NEIN - Durch ein Verbot wird die Überwachung von NPD-Aktivitäten nur erschwert. Wir müssen die 'Herrschaften' bei Gesetzesverstößen mit Prozessen überziehen. Man
muss NAZI-Gedankengut öffentlich enttarnen. Ein Verbot der NPD
mag Juristen zufrieden stellen, ändert aber nichts an der Sache.
Gewaltverbrechen und Betrug sind auch verboten und finden doch
täglich statt. Ich bin gegen die NPD, aber auch gegen ihr Verbot.

Sonntag 16 Dez. 2012 14.32

Nach 1:3-Niederlage gegen Freiburg:
Schalke trennt sich von Trainer Huub Stevens

Es liegt nicht am Trainer...Die Spieler schießen keine Tore, spielen
Fehlpässe, säbeln über den Ball, fehlt es an der richtigen Einstellung
zu ihrem völlig überbezahlten Job. Jeder Verein der im Minus ist, hat
doch selbst Schuld. Er gibt mehr aus, als er einnimmt. Das geht
schon in der Politik schief. Deutschland sollte wieder mal Vorreiter
werden: Im Unterhaltungsgeschäft Fußball dürfen Vereine nur so
viel bezahlen, wie es die Bilanzsituation zulässt oder vertraglich zu-
gesichert ein Sponsor bezahlt. Grundsätzlich: Prozentuale Beteiligung am Gewinn. Wenn dann einige "Stars" meinen, sie verdienen
nicht genug, sollen sie ins Ausland wechseln.

Montag 17 Dez. 2012 16.49

Hohe Kosten für junge Generation:
Können wir uns den Sozialstaat noch leisten?

Sozialstaat ?! Ja, aber ...Weiter wie bisher geht es nicht. Alle etablierten Parteien haben über Jahrzehnte einen gewaltigen Schuldenturm von über 2 Billionen aufgetürmt. Wer hat dafür eigentlich die "Baugenehmigung" erteilt...? Zurzeit werden Jahr für Jahr über 30 Milliarden für Zinsdienste ausgegeben. - Nicht nur ich "kriege die Krise"...! Es ist keine platte Werbung, wenn ich auf die PDE aufmerksam mache. Dort finden Sie nicht nur ein Bekenntnis zum Sozialstaat, sondern ein Bekenntnis zum uns tragenden Mittelstand bestehend aus Arbeitgebern UND Arbeitnehmern, sowie Bekenntnisse zu Europa und für den €uro - alles keine Zauberei, sondern bezahlbar und durchdacht.

Dienstag 18 Dez. 2012 14.06

Erste Zwischenbilanz:
Mieses Zeugnis für Umsetzung der Energiewende

Unsere Energiepolitik machen Phantasten - Ich kann hier nicht weit ausholen, muss aber darauf hinweisen, dass es durchaus eine Energiepolitik gibt, die sich Zug um Zug von technisch überholten AKW trennt, für saubere Luft sorgt und technisch neuesten Standard. Bei allem nicht vergisst, dass Energie für Private UND Die Wirtschaft bezahlbar sein muss / besser: BEZAHLBAR WERDEN MUSS. Wer tausende Meter Kabel im Meer versenkt, versenkt auch langfristig Milliarden €uro. Am Ufer angekommen, entstehen Tausende Kilometer Überlandleitungen. Wind durchaus ja - aber an Land auf Industriebrachen, ehemaligem Militärgelände und unmittelbar an Gewerbeparks. Auf keinen Fall als Naturverschandelungen und in der Nähe von Wohnungen. Solar ja, auch: Das 'Zauberwort' heißt Energiemix und kurze Kabelwege.
Phantasie und Möglichkeiten unserer Ingenieure, Techniker und Wissenschaftler, sind nicht begrenzt; gefahrlose Kernenergie eingeschlossen.

24

Dienstag 18 Dez. 2012 16.57

„Historische Entscheidung":
Hessen führt islamischen Religionsunterricht ein

Kirche ist Kirche. Schule ist Schule. – Worauf Integrationsminister Jörg-Uwe Hahn (CDU) stolz ist und ihn Kultusministerin Nicola Beer (FDP) unterstützt, erschließt sich mir nicht. Politik und Schule sollten sich aus Religion ganz heraushalten. Religion ist Privatsache! Die einzige Aufgabe der Schule wäre, in einem Ethikunterricht die Kinder darüber aufzuklären, dass es unterschiedliche Religionen gibt und unterschiedliche Götter. Europa fußt wesentlich auf dem Christentum, basierend auf Juden, Katholiken und Protestanten. Der Islam ist in einem anderen Teil der Welt zuhause. Der Islam-Unterricht an einer hessischen Schule hilft nicht weiter. Er spaltet und ist damit das Gegenteil von Integration. Ich achte den Glauben meines Nachbarn, solange er nicht im Namen von Glauben oder Gott zur Gewalt aufruft.

Letzte Nacht habe ich geträumt: Die Regierungen der Türkei und in Saudi-Arabien suchen händeringend nach Religionslehrern für das jüdische Christentum; gut bezahlt, versteht sich.

Dienstag 18 Dez. 2012 17.24

„Rechtswidrige Verhaltensweisen":
So mobbte die KKH-Allianz Mitglieder aus der Kasse

Ich bin Mitglied der AOK - ob's ihr gefällt oder nicht. Im Gestrüpp der Regulierungen sitzt man schnell mal 'zwischen allen Stühlen'. Die Gesetzliche will einen nicht, weil das Gesetz es angeblich zulässt dass, wenn man mal bei einer Privaten war, nicht mehr zurückkehren kann. Meine Karte gilt bis 09/15. Spätestens dann steht wohl neuer Krach an, in meinem dann 76jährigen Leben. Wer will schon Kranke und Alte? Die kosten meistens ein Vermögen. Die von mir gegründete PDE empfiehlt 3 Gesetzliche Krankenkassen (AOK und 2 weitere) statt 143!!!. Das jetzige System ist Geldvernichtung zu Lasten derer, die Leistungen der Gesetzlichen KK benötigen. Der

Privatmarkt muss sich selbst regeln. Die Gesetzlichen bleiben immer frei für alle, sonst könnte sie ja nicht auf das Gesetz bauen und die Mitglieder 'drauf vertrauen...

Mittwoch 19 Dez. 2012 14.59

Nationale Armutskonferenz prangert an:
„Die Armut in Deutschland ist politisch gewollt"

Ich bin weit gereist, kenne die Welt und die Armut. Es klingt abartig, wenn ich feststelle, dass sich die Ärmsten der Armen in der übrigen Welt, wohl in ihren geheimen Träumen nach Deutschland sehnen, spätestens dann, wenn sie erfahren, wie hierzulande mit "Armut" umgegangen wird. UND TROTZDEM es ist etwas "faul" im Land. Unser Steuer-, Renten- und Bildungssystem ist viel zu wenig Praxis orientiert. Es ist darüber hinaus bürokratisch und tut eben vielfach so, als ob wir das Weltsozialamt sind.

Freitag 21 Dez. 2012 13.25

Trauma zum Weihnachtsfest: Kein Geld für die Heizung:
Frierende Griechen geben Kinder ins Waisenhaus

NICHT IMMER ALLES AUF EUROPA SCHIEBEN.... Das ist alles traurig genug und kurzfristig helfen dort wieder nur Spenden. Wer hat aber das Desaster angerührt? Die EU oder vielleicht sogar die Deutschen? Nein, es war die griechische Verwaltung unter jahrzehntelanger Führung der vom Volk gewählten PASOK, der sozialdemokratischen Schwesterpartei der SPD. Jetzt hilft spontan sicher nur eine umfangreiche Sachspende von Heizöl. Im Neuen Jahr müssen wir endlich Europa neu konstruieren und die Möglichkeit eröffnen, dass neben der Gemeinschaftswährung €uro auch Zweitwährungen möglich sind. GRUNDSÄTZLICH:

SCHULDENHAFTUNG NEIN, EUROPA UND EURO JA .

Frohe Weihnachten

Montag 24 Dez. 2012 13.18

**Mindestlöhne, Pendlerpauschale, Mehrwertsteuer: Wirtschafts-
weiser rät 2013 zu zwei Prozent Lohnplus -**

Prof.Franz / Dr.Merkel - Ein studierter Volkswirt und eine studierte
Physikerin. Das für sich ist Anerkennung und aller Ehren wert. Und
trotzdem – diese ‚Mischung' hat Symbolkraft. Sie steht für das Heer
der Cheftheoretiker, die den Bundestag und wissenschaftliche Institutionen dominieren. Die Kanzlerin und der Wirtschaftsweise haben
noch nie in ihrem Leben eine Firma verantwortlich geführt und Mitarbeitern Löhne und Gehälter bezahlt, wenn ich Wikipedia verstanden habe. In die gleiche Gruppe gehören auch der Herr Wirtschaftsminister, der SPD-Chef, die Führung der Grünen und leitende
Damen und Herren von "Die Linke". Aus nur schwer verständlichen
Gründen mangelt es an Damen und Herren aus der Wirtschaft. Uns
geht es vergleichsweise noch gut - es geht aber noch viel besser.

Montag 24 Dez. 2012 14.09

**Die Weihnachtspredigt des Ifo-Chefs:
„Kein Euroland ist dem Sozialismus so nah wie Frankreich"**

Im Großen und Ganzen: BRAVO PROFESSOR SINN - Ich versuch's mal mit Stichworten: EU: JA - €URO: JA, aber... - Die Möglichkeit einer Zweitwährung muss bestehen. Die Vereinigten Staaten
von Europa könnten jetzt schon real werden, wenn der wirtschaftliche Wettbewerb sie trägt: OHNE Schuldenhaftung, gemeinsame
Außenpolitik, Europa-Armee mit einem Verteidigungsminister, vom
Volk gewählter Präsident, Delegierte in das Europa-Parlament. Endlich: Alle sprechen von Helsinki bis Lissabon und von Irland bis Polen EINE SPRACHE (englisch). Landessprachen sind landestypisch
und bleiben. Das allein würde den europäischen Gedanken weiter
voranbringen. Es wäre den Versuch wert - die etablierten Parteien
haben sich verrannt. Die Linken sind und bleiben wohl altmodisch.
Eine gute Zukunft für ALLE.

Mittwoch 26 Dez. 2012 11.47

Steuererhöhungen falls Rot-Grün gewinnt:
Industrie sieht Hunderttausende Jobs in Gefahr

Über 72 Tausend Regeln sind das Problem – das kann gar nicht genug gesagt werden..
Nur eine umfangreiche Steuerreform kann viel Elend verhindern.

Donnerstag 27 Dez. 2012 11.47

Kritik an Haushaltsabgabe
Medienexperte: Die neue Steuer durch ARD und ZDF ist unfair

Hans-Peter Siebenhaar spricht mir und wahrscheinlich Millionen aus der Seele. Der Gedanke ZDF und ARD zu einem überparteilichem öffentlich-rechtlichen System zusammen zu führen ist genial und noch besser als mein eigener Gedankengang. Der öffentlich-rechtliche Rundfunk inkl. Fernsehen gegen eine Pauschalgebühr, sollte dann auch ohne Werbung auskommen, zulässig wäre nur noch Banden- und Trikotwerbung beim Sport, oder der Hinweis auf Sendungs-Sponsoren. Abbildung der Werbewirklichkeit im Straßenbild ist normal.

Donnerstag 27 Dez. 2012 12.08

Kritik an Nähe zur Tabaklobby:
SPD-Politiker hadern mit „Raucherikone" Schmidt

Rauchen, Feinstaub und andere "Todsünden"...Sicher sind Frau Reimann und Herr Binding (beide SPD) ohne Sünde und dürfen nach der Bibel "den ersten Stein werfen"?! Noch nie einen Schnaps getrunken oder fettes Fleisch gegessen oder zu Sylvester Raketen und Knallkörper verballert?! Der Sächsische Umweltminister Kupfer (CDU) will "seinem Volk" jetzt auch den Jahreswechsel vermiesen. Die Luftverschmutzung liegt nämlich weit über "zulässigen" Grenzwerten. Gönnen wir doch unseren Mitmenschen den Spaß und Helmut Schmidt seine Zigaretten und ungesunden Kaffee und süße

Coca-Cola. Die Politik hat andere Themen an denen sie sich abarbeiten muss. Das ständige Einmischen in die intimsten Dinge, geht auf die Nerven. Es wird Zeit, dass frischer Wind in die Parlamente kommt.

Prost Neujahr – 2013 wird gewählt – aber was??

Dienstag 01 Jan. 2013 12.05

**Steinbrück-Schelte sachlich nicht angebracht:
Sparkassen-Chefs verdienen tatsächlich mehr als Merkel**

Kanzler/Sparkassendirektor. Der Vergleich hinkt! Von der Sache her liegt Steinbrück aber nicht falsch. Nur redet er wieder mal undiplomatisch "vor sich hin". Frau Merkel wird's freuen. Grundsätzlich gilt: Wer reich werden will, sollte nicht in die Politik gehen. Unsere Damen und Herren Abgeordneten sind Leitende Angestellte. Sie sollten wie in der freien Wirtschaft bezahlt werden und da liegt man mit 150 Tausend € nicht daneben. Die Vergütung des Kanzlers bzw. der Kanzlerin sollte sich an die Zahlung für den Bundesbankchef anpassen 'Verantwortungszuschlag' (pauschal 500.000, -- €. Minister pauschal 300 Tsd. - Alle selbst verantwortlich für die Altersversorgung. Um das bezahlbar zu machen, müssen wir unser Wahlrecht ändern und das Parlament um die Hälfte verkleinern.

Mittwoch 02 Jan. 2013 12.20

Brutto-Netto-Rechner: Was 2013 vom Gehalt übrig bleibt

Höhere Steuern u. Abgaben lösen keine Probleme!!!! Wenn es noch eines weiteren Beweises bedurft hätte, dann ist er jetzt erbracht. Unser Land braucht frischen Wind in der Politik für Deutschland in Europa. Nicht höhere Steuern und Abgaben lösen unsere Probleme. Die etablierten Parteien kriegen die Schulden nicht in den Griff. Die Linke und auch Die Piraten stochern im Nebel. Meine Freunde und ich haben ein konkretes Angebot: Das Steuer- und Rentenchaos und vieles mehr, brauchen nicht nur Reparaturen sondern mutige und einfache Lösungen mit Abgeordneten, die über Erfahrung in der Wirtschaft verfügen - keine studierten Cheftheoretiker, die noch nie praktisch erfahren haben, was Haftung und Verantwortung bedeutet.

Donnerstag 03 Jan. 2013 11.18

**Neue Details zum Ehe-Aus in der Silvesternacht:
Noch vor Mitternacht krachte es im Hause van der Vaart**

Es gehört nicht alles in die Öffentlichkeit...ein glücklich verheirateter HSV-Fan, rät nach 43 Ehejahren: Krach gibt's immer mal - durchatmen, nachdenken und Frieden schließen!

Heute weiß ich, mein Rat hat nichts genützt; so gut und richtig er auch war und ist. Vielleicht richten sich ganz andere danach ...

Donnerstag 03 Jan. 2013 12.37

Großer Gehalts-Report: Ärzte, Fluglotsen, Lehrer: So viel wird in Deutschland verdient

Einkommen: Mein Lieblingsthema - Hier muss in Deutschland vielfach noch umgedacht werden. Auch die Gewerkschaften müssen sich von teilweise antiquierten Ritualen verabschieden, der Staat sowieso. Einige machen ja bereits vor, wie es geht. Das System Bonus muss Prinzip werden. Die Damen und Herren Mitarbeiter müssen am Gewinn beteiligt werden. So steht es auch im Programm der PDE. Gleich in den ersten Wochen meiner kaufmännischen Lehrzeit, in der Berufsschule und in der Höheren Handelsschule habe ich gelernt, dass Löhne/ Gehälter ein wichtiger Bestandteil der Kosten sind. Diese Kosten bestimmen wesentlich den Preis eines Produktes und einer Dienstleistung – damals, wie Heute. Warum also an der Kostenschraube drehen? Gewinnbeteiligung ist mehr als ein 'Zauberwort'.

Sonntag, 06.01.13

In Sachen Atomenergie ist der BBU ideologieverseucht
(BPP) Wir vertreten keine Ideologie, sondern Ansichten, die durch Experten abgesichert sind.. Deutschland betreibt in Sachen AKW einen hohen Sicherheitsstandard. Trotzdem plädieren wir für ein langfristiges Umdenken. Unsere derzeit noch am Netz befindlichen AKW, sollten Zug um Zug durch etwa150 neue Gau- und Supergau freie Kugelhaufen-Reaktoren (THTR) ersetzt werden. Lange Gespräche mit Professor Antonio Hurtado (TU Dresden - Leiter Kernenergie), Professor Wolfgang Kröger (ETH Zürich, Risk Center) und Dipl. Ingenieur Dr.Urban Cleve (vorm. BBC-Krupp-Reaktorbau, Planer für AVR Jülich und THTR-Technik)), brachten uns zu der Überzeugung, dass man die Atomenergie noch lange nicht auf den Müllhaufen der technischen Entwicklung werfen darf.

Warum aber gleich 150 Anlagen. Der Vorteil einer GAU- und SuperGAU freien Technik ist, dass man die Kugelhaufen-Reaktoren nah beim Verbraucher installieren kann. Das spart lange, kostenintensive Überlandleitungen incl. der damit verbundenen Übertragungsverluste. Bei allen Strategien zum Umbau unserer Energieversorgung muss für die Politik immer eins im Mittelpunkt stehen: Der Strom für den Verbraucher, Wirtschaft UND Private, muss bezahlbar sein. Alles andere ist unsozial! Atom ist es aber nicht allein. Die Lösung heißt: Energiemix aus einer breiten Palette, Anlagen nah beim Verbraucher. Meine Freunde und ich vertrauen auf unsere Wissenschaftler und Ingenieure.

Montag 07 Jan. 2013 20.14

Desaster um Berliner Flughafen:
Wowereit tritt als BER-Aufseher zurück

...und das ist gut so! Der Rücktritt vom Vorsitz des Aufsichtsrates ist wieder mal die billigste Lösung. Noch billiger ist das Weiterschieben von Verantwortung an den Herrn Ministerpräsidenten von Brandenburg.(Volksmund nennt so etwas: Bock zum Gärtner machen; den ‚Bockmist' hat aber ‚WoWi' zu verantworten) Über die Verantwortung

des Bundesverkehrsministers kann spekuliert werden. Wissen die Herren eigentlich noch was Verantwortung bedeutet. Wer haftet wieder mal für den Murks?
Die Antwort ist einfach – Der Steuerzahler.

Dienstag 08 Jan. 2013 12.26

Griechen-Milliarden und Euro-Rettung:
So flunkert sich Schäuble durch die Eurokrise

Europa JA - €uro JA - ABER NICHT SO....Vielen Dank Uli Dönch. Auf dem "Parteienmarkt" gibt es eine Alternative zu den EU-€uro-Eskapaden von Regierung und Opposition. Leider kennt PDE kaum jemand, weil ihr Werbemillionen fehlen. Sie steht für ein Europa und langfristig sogar für die Vereinigten Staaten von Europa, allerdings im Wettbewerb innerhalb der Mitgliedsländer – ein Bekenntnis zum Lissabon-Vertrag, in dem kein Wort über die Schuldenhaftung steht - Ausnahme "Höhere Gewalt"! Falsche Politik ist aber keine "Höhere Gewalt"!

Dienstag 08 Jan. 2013 16.41

Finanzielle Folgen der Trennung:
Bleiben Christian Wulff nur 4000 Euro zum Leben?

"Tragisch", aber es gibt wichtigeres - Diese Meldung wurde von THUNDERBIRD bei mir als Junk eingestuft. Ich wollte nur sagen: Es ist Junk – die Wulffs haben sich selbst ins Abseits manöveriert...Wir brauchen in der Politik mehr lebenserfahrene Menschen, die wissen was Verantwortung, Haftung und Anstand bedeutet.

Mittwoch 09 Jan. 2013 16.37

Weltraumteleskop Kepler sichtet vier erdähnliche Planeten:
Entdeckung einer Ersatzerde ist nur eine Frage der Zeit

Eine "Ersatzerde" ?! - Schade, dass ich das nicht mehr erlebe. Mir reichen die Sorgen mit unserer Erde. Meine Ur-Ur-Ur-Ur Enkel werden dann auf die Kepler-Erde ausweichen können....

Herrliche Aussichten – nur wir müssen leider hier bleiben. Anders wählen, wäre vielleicht ein Ausweg – aber wen, die PDE steht noch auf keinem Wahlschein.

Mittwoch 09 Jan. 2013 16.44

Sozialdemokraten im Dilemma:
Die SPD hat keine Besseren als die Fehlzünder
Wowereit und Steinbrück

Verehrte Frau Fietz (Hauptstadtbüro Focus), wie recht Sie mal wieder haben. Wenn sich die Damen und Herren Wähler doch mal mit den Parteiprogrammen und den Politikern genauer beschäftigen würden... Ich empfehle, mal PDE zu googeln. Da wird ein neuer Ansatz geboten. Die etablierten Parteien haben uns in die Schulden geführt und wollen Europa und den €uro mit der Schuldenhaftung auch noch in die Knie zwingen. Die bereits zitierten Damen und Herren Wähler können es verhindern, wenn Sie sich informieren und einen Neuanfang wagen, wobei es da wenig zu "wagen" gibt....

Donnerstag 10 Jan. 2013 12.26

Einigung trotz heftiger Kritik:
Platzeck folgt Wowereit als oberster BER-Aufseher

Ich bin "glücklich"...Wowereit, Platzeck, Ramsauer und jetzt auch noch Schäuble - so viel Fachkompetenz in Sachen Flughafen-Neubau, hat man selten zusammen erlebt. Für die Rochade Wowereit / Platzeck hätte ich sogar einen Decknamen wegen der Geheimhaltung: "Bock zum Gärtner" (siehe 7.1.)

Donnerstag 10 Jan. 2013 15.10

Neue Anleiheklauseln:
Deutschland rüstet sich für den Euro-Zerfall

Es wird höchste Zeit für Politikwechsel. Das Europa-Programm der
PDE spricht eine klare Sprache: Bekenntnis zur EU, langfristig zu
einer speziellen Form von Vereinigte Staaten von Europa. Mitgliedsländer im wirtschaftlichen Wettbewerb ohne Schuldenhaftung, so
wie es schon der Lissabon-Vertrag vorsieht, der auf 'unehrliche Art'
unterlaufen wird. Der €uro ist die Gemeinschaftswährung. Zweitwährungen sind ausdrücklich möglich. Hohe Schuldzinsen für Staaten
sind absurd. Ein vom Volk gewählter EU-Präsident, der zugleich
Außenminister ist. UND GANZ WICHTIG: Die EU wird ein Zwei-
Sprachen-Verbund mit englisch als Gemeinschaftssprache gleichberechtigt zu den Landessprachen. Wegfall der nationalen Armeen, die
ersetzt werden durch eine 500 Tausender Europa-Armee mit einem
Verteidigungsminister. Schluss mit dem derzeitigen Gewurschtel.

Geld ist genug da. Der Staat schmeißt mit dem anvertrauten Geld
seiner Bürger um sich, weil es nicht seins ist. Wir müssen uns auf
keinen €uro-Zerfall einstellen, sondern auf einen Zerfall von
Ehrlichkeit und Moral.

Montag 14 Jan. 2013 10.31

Knapp 1000 Euro Preissteigerung:
EU-Auflagen machen Neuwagen massiv teurer

Es wird Zeit, dass sich politisch was ändert - auch in Richtung EU.
Nach den Vorstellungen der PDE , wie man lesen kann, soll es ein
Europa im wirtschaftlichen Wettbewerb geben und dann sind solche
Abgas-Regeln Sache der Mitgliedsländer. So etwas muss nicht über
die EU angeordnet werden. Das entscheiden vernünftige Verbrau-
cher und die sind in der Überzahl .... Die EU-Politik sollte sich lieber
um die Einhaltung des Lissabon-Vertrages kümmern, wonach eine
Schuldenhaftung nur bei HÖHERER GEWALT in Frage kommt.
FALSCHE POLITIK IST ABER KEINE "HÖHERE GEWALT"

Dienstag 15 Jan. 2013 11.48

Folgen der Schuldenkrise:
Deutsche Wirtschaft wächst 2012 nur um 0,7 Prozent

Hauptsache wir wachsen oder halten den Standard. Wenn wir mal überlegen auf welchem hohen Niveau wir noch wachsen, wird deutlich: Das sogenannte Problem ist keins. Selbst wenn das Wachstum Null wäre, bricht keine Katastrophe aus. UND TROTZDEM: Deutschland in Europa steht sich mit überbordender Bürokratie und mit einem von Cheftheoretikern erdachten Steuersystem, selbst im Weg. Wenn nicht endlich ein Politikwechsel eintritt, dann könnte es doch irgendwann "bergab gehen". Es liegt in der Hand der Damen und Herren Wähler. Nutzen die Bürger die Chance der großen Volksbefragung (Bundestagswahl 2013) wieder mal nicht
und lassen die etablierten Schuldenmacher von CDU/CSU, SPD, Grünen und FDP weiter ran - selbst schuld....Europa JA, €uro JA, aber nicht so....

Mittwoch 16 Jan. 2013 12.34

Wirtschafts-Flaute erreicht Deutschland:
Rösler halbiert Wachstums-Prognose auf 0,4 Prozent

Wachstumsprognose sinkt! Na und ...Solange wir überhaupt noch wachsen oder zumindest ein 0-Wachstum haben, muss unsere "deutsche Welt" doch in Ordnung sein. Wir dürfen nicht vergessen, dass die meisten Länder viel Nachholbedarf haben. Mit deren Wachstumszahlen können wir uns nicht messen. Viel wichtiger ist, dass wir unseren Standard nicht gefährden. Wir dürfen nicht aus falsch verstandener "Solidarität" in der EU zur Schuldenhaftung übergehen. Der Vertrag von Lissabon sagt klar u. deutlich, dass wir nur in Fällen höherer Gewalt für mögliche Schulden haften. PDE und dazu bekenne ich mich, stellen fest: Falsche Politik ist keine "Höhere Gewalt". Das muss man immer wieder deutlich sagen. Die sozialdemokratische PASOK zum Beispiel, trug in Griechenland Jahrzehnte die Verantwortung. Dafür muss die EU nicht haften.

Schuldenhaftung – Praktizieren wir das nicht schon lange mit dem Länderfinanzausgleich? Ist Deutschland also der ‚Vorreiter' in Sachen ‚Schuldenhaftung'???

Mittwoch 16 Jan. 2013 12.56

„Wetten, dass ...?" im Zwielicht:
Fernsehrat prüft Schleichwerbungs-Vorwurf gegen das ZDF

Die Debatte ist "verlogen" Sobald wir die Strasse betreten, sind wir von Werbung umgeben. Warum soll das im Fernsehen anders sein. Die Logik stimmt ja auch nicht!! Öffentlich-rechtlich "wirbt" was das Zeug hält, bei jeder Sportübertragung - na, und ... Das ZDF nennt Sonnabend weit nach 20 Uhr VW als Sponsor des Aktuellen Sportstudios - na, und ....In der Unterhaltung liest man auf Schlagzeugen und Tasteninstrumenten die Produktnamen - na, und ... Bei der ARD ist es ja nicht anders. Man sollte lieber mal eine Diskussion darüber führen, ob sich die Öffentlich-Rechtlichen nicht weit über das Maß der Grundversorgung hinaus bewegen! Dort wird Geld verschwendet. Ich weiß, worüber ich rede. In diesem System habe ich Jahrzehnte mein Geld verdient.

Ist es wirklich Grundversorgung, wenn die öffentlich-rechtlichen auf jeden Zug springen, der neue Systeme bietet?

Die Grundversorgung mit Rundfunk und Fernsehen sollte zukünftig über das Steuersystem finanziert werden und somit Werbespot frei sein. Eine GEZ wäre somit überflüssig.

Deutschland ist in der Fläche halb so groß wie Texas. Wir leisten uns aber den teueren Luxus von 9 Landesrundfunkanstalten und ein ZDF mit Landesstudios.

Außerhalb der Grundversorgung, bietet sich ein weites Feld für die Privaten.

Langfristiges Ziel der PDE: Abschaffung von Landesregierungen zu Gunsten von mehr Eigenverantwortung der Landkreise, Kommunen,

Städte und Dörfer bei der Bewältigung ihrer Vor-Ort Aufgaben. Das Prinzip der ARD ist in diesem Zusammenhang nicht mehr zeitgemäß; auch schon aus Kostengründen. **Eine zentrale Anstalt des öffentlichen Rechts für die Grundversorgung ist ausreichend:** Die Verschmelzung von ARD und ZDF ist die Konsequenz Ein Intendant (statt 10), ein Programmdirektor (statt 10). Der Name der Anstalt:

FDR Freies Deutsches Fernsehen / FDR Radio

Dieses FDR übernimmt alle Landesstudios der ehemaligen ARD in Fernsehen und Rundfunk, sowie die Einrichtungen des ZDF. Eine regionale Programmvielfalt bleibt bestehen; hinzu kommt KIKA. Zur Grundversorgung gehört auch ein Parlamentskanal Radio, der national und international stündlich Nachrichten verbreitet. Die Berichterstattung aus dem Bundestag verbleibt bei PHOENIX und den Nachrichten des FDR. Die Auslandsstudios von ARD und ZDF werden als FDR zusammengelegt. – Das FDR betreibt auch ein mehrsprachiges Programm fürs Ausland. - Der europäische Kulturkanal ARTE bleibt bestehen. Die Bundesregierung zahlt ihren Anteil.3sat gehört nicht mehr zur Grundversorgung

Der Begriff „werbefrei" ist der Lebensrealität angepasst. Werbeschilder und Firmennamen gehören in die Welt, die uns umgibt. Eine gewollte bildliche Verengung auf Werbung, hat zu unterbleiben. Gestattet ist aber ausdrücklich die Einbeziehung von Sponsoren, wenn im Vor- und Abspann der entsprechenden Sendung darauf bis zu 10 Sekunden hingewiesen wird.

Die wesentliche Aufgabe des FDR besteht auf Umsetzung von Programmvielfalt; auch unter Befriedigung der Interessen von Minderheiten. Eine Einschaltzahl ist kein Kriterium für Qualität!
Im Abendprogramm ist somit auch einmal in der Woche Platz für Oper und Klassik sowie bildende und informative Gesprächssendungen unter Einbindung der bereits erwähnten Landesprogramme. Bestehende Orchester und Chöre bleiben erhalten. Sie dürfen ihre Arbeit kommerzialisieren d.h. auch privaten Rundfunk- und Fernsehsendern anbieten bzw. für sie arbeiten.

Publikumswirksame Sportveranstaltungen sind Teil der Grundversorgung; dabei gehört Bandenwerbung zur Lebensrealität. Diese Systemänderung bringt gewaltige Einsparungen mit sich. Radio-Musikprogramme sind in den einzelnen Sparten, bundesweit zu organisieren. Niemanden in Flensburg stört es, wenn in Hamburg, Frankfurt/Oder, Düsseldorf oder München zeitgleich der gleiche Titel gespielt wird.

Nicht mehr benötigte Einrichtungen von ARD und ZDF werden privatisiert bzw. verkauft.

Ein öffentlich-rechtlicher Sender ist ausreichend für die Grundversorgung!

Mittwoch 16 Jan. 2013 17.16

Spanischer Trainer beerbt Jupp Heynckes:
Guardiola unterschrieb schon vor Wochen bei den Bayern

Na denn, bis zum Sommer deutsch lernen!! - Ich bin privat seit Kindesbeinen Fußball-Fan, zunächst beim HTB Harburger Turnerbund, später bis Heute beim H S V. International bin ich Fan aller deutschen Vereine und der Nationalmannschaft. Ich beobachte leider auch, wie im Fußball mit Verträgen umgegangen wird und wie mittelmäßige Spieler und Trainer überbezahlt sind. Dem FC Bayern wünsche ich viel Glück, in der Hoffnung, dass die Umgangssprache Deutsch bleibt.

Donnerstag 17 Jan. 2013 16.31

Dienstleister haften nicht für Mängel:
Vertragschaos: Flughafen Berlin drohen neue Finanzlücken

Öffentlicher Dienst und seine staatlichen Experten: BER-Flughafen, Stuttgart 21, Elbphilharmonie Hamburg, Waldschlößchen-Brücke Dresden usw. usw... Überall wo Politik und Verwaltung sich anmaßt Unternehmer zu sein, droht finanzielles Desaster. Deutschland lebt von seinen privaten und haftenden Unternehmern/ Arbeitgebern

UND Arbeitnehmern. Die Politik/ Verwaltung soll sich auf Öffentlichen Dienst beschränken und nicht glauben, dass der alles kann.

Montag 21 Jan. 2013 11.17

**Vorläufiges amtliches Endergebnis:
Rot-Grün siegt denkbar knapp in Niedersachsen**

Wählen in Absurdistan...Am Wahlergebnis in Niedersachsen offenbart sich das Dilemma von Politik und Verwaltung. Die Damen und Herren haben eklatante Zahlenschwächen. Wenn jemand als 1. durchs Ziel geht - Wie nennt man den? Richtig "Das ist der Sieger. Den 2. nennt man Zweiten und den 3. Dritten usw. usw. - Nur in der Politik werden Zweite und Dritte zu Siegern. Auf welchem Wahlzettel wurden denn rot/grün und/ oder schwarz/gelb zur Wahl aufgeboten? Das mit den Koalitionen ist wegducken vor Verantwortung. Hier wird deutlich, dass bei uns über Jahrzehnte leichtsinnig mit der Demokratie umgegangen wird. Durch unser Wahlsystem mit Überhangmandaten steigt doch ein Normalbürger nicht durch, soll er vielleicht auch gar nicht

Mittwoch 23 Jan. 2013 13.17

**Dönchs Finanzen (Focus):
Verschuldete Süd-Länder: Jetzt droht die Todes-Spirale**

Herr Dönch, ich hab' schon Frau Fietz umarmt...Die Liste der " echten Rechthaber" im positivsten Sinne beim Focus wird länger. Auch wenn ich es an dieser Stelle wiederhole: Europa - JA, €uro - JA, nur nicht so... - Das mit den Schulden funktioniert nur, wenn das mit der Rückzahlung auch eingeplant ist, sonst ist es "Sozialismusangehaucht". Ich plädiere in Jahren letztlich für die Vereinigten Staaten von Europa mit einer Gemeinschaftssprache und den Sprachen der Mitgliedsländer. Der €uro ist die Gemeinschaftswährung, aber mit der Möglichkeit einer Zweitwährung (Drachme, Lira, Peseta). Die EU muss sich dem Wettbewerb seiner Mitgliedsländer stellen. Zu Europa und Deutschland in Europa, lässt sich noch viel sagen - das passt hier leider nicht alles her. Aber dafür hat das 'Netz' ja seine Daseinsberechtigung...

Die EU hat derzeit 28 Mitgliedsländer. Die USA bringen es auf 50. Keiner dieser Bundesstaaten käme je auf die Idee, sich seine Haushaltspolitik von anderen Bundesstaaten absichern zu lassen. Haften und verantworten kann man nur in Deutschland und Europa ‚verlagern'.

Freitag 25 Jan. 2013 16.33

**Forscher warnen vor Naturkatastrophe:
Mächtige Sonnenstürme bedrohen die Erde**

Spannender u. informativer Artikel "FOCUS-like" ..nur nervös macht er mich nicht. Irgendwann geht die Welt nun mal unter. Das ist gewiss, so wie der Tod. Nur keiner weiß, wann es passiert und das ist gut so, sagte mal ein berühmter BER-Aufpasser in einem anderen Zusammenhang....

Samstag 26 Jan. 2013 11.27

**Richtersprüche wegen Fußballkrawallen von Port Said:
Auf Todesurteile folgt ein blutiger Sturm aufs Gefängnis – 22 Tote in Ägypten**

DU SOLLST NICHT TÖTEN....
und im Namen gleich welchen Gottes schon gleich gar nicht. Da kann es nur heißen: Du darfst nicht töten. - Das Todesurteil gegenüber 70 Mörder - Fußballrüpel in Ägypten, ist Anlass für mich, ein klares Bekenntnis gegen die Todesstrafe abzulegen. Töten eines Menschen ist maximal in Notwehr erlaubt, also in Gegenwehr auf einen Angriff.

Montag 28 Jan. 2013 14.17

**Ökostrom-Umlage einfrieren:
Umweltminister Altmaier will Strompreis-Explosion stoppen.**

Herrn Altmeier scheint es zu dämmern...Das allein reicht allerdings nicht. Wir müssen mutig voran gehen, im unabhängiger werden von Energie-Lieferungen aus dem Ausland. Das muss dazu verbunden werden, mit Techniken die unsere Umwelt nicht strapazieren. Und das Wichtigste: Das alles muß bezahlbar werden für Private UND die Wirtschaft. Es hat nichts mit Werbung zu tun, wenn ich hier auf das schlüssige Programm einer Truppe hinweise, die bei Google unter PDE anzuklicken ist. www.pde-online.eu

Strom und Wasser sollten ohnedies von Gesellschaften angeboten werden, die öffentlich-rechtlichen Charakter haben, wirtschaftlich sind und die Gewinne immer ins Unternehmen stecken. Menschen in Not, darf man auch nicht von der Versorgung abtrennen.

Dienstag 29 Jan. 2013 12.33

**Dienstwagen, Darlehen, Kindergarten:
Diese steuerfreien Zulagen gibt's vom Chef**

Sehr guter "Extras-Artikel" zugleich ein Skandal. Die Mühe von Vangelis Parasidis hat sich gelohnt. Es wird wieder mal deutlich, welch irrsinniger Steuergesetzgebung wir unterliegen. Manchmal stellt man sich schon die Frage, ob die Erfinder der Gesetzesflut nicht der frommen These unterliegen "Herr, vergib Ihnen - denn sie wissen nicht was sie tun...!" Zurzeit gibt es in Deutschland nur eine Partei, die leider noch viel zu wenig Menschen kennen. Häufige Leser von FOCUS ONLINE sind da etwas besser informiert. Unter Google PDE steht mehr u.a. Völlige Neuordnung der MwSt. - Senkung auf 5% für den Tagesbedarf neu 20% und 25%. Lohn- u. Einkommen 10, 20, 30, 45%, pauschale Gewinnbesteuerung 30% und VIEL WENIGER BÜROKRATIE. Das Alles geht, ist durchgerechnet und nach zu vollziehen.

Dienstag 29 Jan. 2013 16.29

**Finanzgericht Hamburg:
Brennelemente-Steuer für AKW verfassungswidrig**

Ha, Ha, Ha...wieder mal Energiepolitik mit heißer Nadel. Leider fehlt mir das "Kleingeld", um Politiker wegen Steuergeldverschwendung zu verklagen.
Das wäre mal ein Muster-Prozess....

Donnerstag 31 Jan. 2013 18.20

FOCUS-Online-User über Fall Brüderle:
‚stern' und Frau Himmelreich von der Sache überrollt

Wir sollten andere Sorgen haben.. Sich schlecht benehmende Männer UND Frauen wird es immer geben. Hinterfragen sollte sich eine junge Journalistin, ob 22:30 an einer Hotelbar ein ernst zu nehmender Platz für eine politische "Beobachtung" ist. Vollends unfair wird das ganze, wenn sich die junge Dame und ihr Chef spektakulär mit „aufklärerischem Heiligenschein" ein Jahr später äußern. Der an sich ernst zu nehmende STERN hat sich selbst geschadet - das war unnötig.

Donnerstag 31 Jan. 2013 19.22

Vietnam-Bahn, Computerspielpreis:
So verschleudert der Bund Geld der Steuerzahler

Steuerverschwender und Steuerhinterzieher... ...mich wundert nichts mehr. Wenn's nicht so teuer und kompliziert wäre, sollte man Abgeordnete verklagen, die es mit dem Amtseid nicht sehr genau nehmen. "Schaden abwenden vom Deutschen Volk ..." Vietnam-Bahn, Computerspielpreis und Investorenwerbung (u.v.m.) sind eklatante Fälle von Steuerverschwendung und somit Schaden fürs Volk. Für Steuerhinterzieher kann man ja fast Verständnis haben. Staatliche Hehlerei ist auch nicht besser oder ist das juristisch "Notwehr". Die Übernahme von Schulden der Staaten, die offensichtlich ihre Finanzen nicht in Ordnung halten können, läuft ja schon unter "Höhere Gewalt", sonst wäre das Bruch des Lissabon-Vertrags der EU und auch ein Fall für den Generalbundesanwalt....

Freitag 01 Feb. 2013 13.09

Schluss mit Schuften: So klappt's mit dem früheren Rentenstart

Rente erfordert Totalumbau sonst geht Staat Pleite - Dies ist KEINE PARTEIENWERBUNG sondern nur der Hinweis darauf, dass die PDE wissen, dass ohne Umbau des Renten- und Steuersystems Deutschland in Europa sehr bald kleinere Brötchen backen muss...Schuld sind dann die Wähler und Nichtwähler, die das unbewusst zulassen. Die Rente mit 65, 67 oder 70 gehört ohnehin abgeschafft. Jeder kann solange arbeiten, wie er will und kann. Den Rentenbeginn bestimmen die Natur und ein Arzt. Politiker sind dafür völlig ungeeignet.

Freitag 01 Feb. 2013 13.21

Sexismus-Debatte bei Illner:
Kachelmann-Anwalt wirft Roth „Hinterfotzigkeit" vor

Sexismus gibt es seit Menschengedenken.. Ich kenne nur sich schlecht benehmende Männer UND Frauen. Ich weiß aber auch, dass es "hinterfotzig" ist, als Journalist eine Bar zu besuchen, um anschließend Gesellschaftskritik mit Namensnennung zu betreiben. Eine grundsätzliche Sexismus-Debatte lässt sich ja führen, aber da ausgerechnet eine Randbemerkung eines honorigen, älteren Herrn zum Anlass zu nehmen ...? Alle die sich jetzt aufregen, sollten in sich gehen und dann die berühmte Frage stellen: Wer ohne Schuld ist, werfe den ersten Stein...Wir haben leider andere Sorgen.

Freitag 01 Feb. 2013 19.52

Jahreseinkommen über 500 000 Euro:
Linke will Reiche mit 100 Prozent besteuern

Die Kommunisten lernen es nie ..Noch nirgendwo auf der Welt hat Sozialismus vorbildhaft funktioniert. Leider ist auch der Kapitalismus nicht perfekt. Das Einzige was erstrebenswert ist, ist der freiheitliche

System SOZIALE MARKTWIRTSCHAFT - genau das, streben meine Freunde und ich an.

Montag 04 Feb. 2013 12.43

Finanzkrise im kleinsten Euro-Staat:
Steinbrück nennt Bedingungen für Zypern-Hilfe

Schulden ? Berlin u. EU regeln das... Wir sind uns in unserer Hausgemeinschaft einig: Frei nach der Bibel - Ein jeder trage die Last des Anderen.... (In Sachen "Schulden", ist das natürlich als Satire zu verstehen) Lasst uns den Europa-Gedanken nicht zerstören. Aus dem Vertrag von Lissabon können nur spitzfindige Juristen eine Verpflichtung zur Schuldenhaftung herauslesen. Da steht nur etwas von höherer Gewalt. Aber ist schlechte Politik etwa "höhere Gewalt" - das könnte einigen Politikern so passen. Europa - JA, €uro - JA -- aber nicht so! Ich kenne ein weit besseres Programm!

Montag 04 Feb. 2013 16.52

TV-Kolumne: Kirchen-Debatte bei „Günther Jauch":
Missionare gehen in Stellung – die Zuschauer lachen

Glauben ist Privatsache...Menschlichkeit, Martin Lohmann, sollte keine Religionsgrenzen kennen. Wenn die Kirchen nach wie vor von "Glauben" reden und die mächtige katholische Kirche 'Glauben' nicht schon lange in WISSEN umbenannt hat, muss man nachdenklich werden. - Ich ziehe den Hut vor EVA Müller und der NRW-Gesundheitsministerin BARBARA Steffens (Die Grünen). Politisch habe ich mit den Grünen oft Stress - aber hier, Frau Steffens 'Chapeau'. Ansonsten, Günther Jauch, das heikle Thema haben Sie souverän gemeistert.

Täglich und immer wieder: Glauben und Politik gehören nicht zusammen. Wozu das führt, wird in der islamischen Welt täglich vorgeführt. – Nun prügeln sich unter Glaubensvorwand auch schon wieder sog. Christen in Irland / Nordirland. Wo bleiben Machtworte vom

Papst und Königin Elizabeth. Die Königin ist Kopf der anglikanischen Kirche.

Dienstag 05 Feb. 2013 15.40

Unternehmen: Wirtschaft gegen Strompreisbremse und für niedrigere Stromsteuer

Strom und Wasser sind Grundversorgung - Meine politischen Freunde von der PDE und ich plädieren für einen völlig anderen Ansatz. Die Strom- und Wasserversorgung für PRIVATE UND DIE WIRTSCHAFT, sollte zukünftig nicht mehr dem Staat dazu dienen, Einnahmen zu erzielen durch Steuern und Abgaben. Strom- und Wasser-Versorgung sind Grundbedürfnisse, deren Befriedigung auch nicht durch Gewinnmaximierungen gestört werden darf. In dieses System soll auch das Grundnahrungsmittel Brot eingegliedert werden. Außerhalb vom steuerfreien Strom, Wasser und Brot, gilt dann für Dinge des täglichen Bedarfs der ermäßigte Umsatzsteuer-/ Mehrwertsteuer - Satz von 5%.

Mittwoch 06 Feb. 2013 16.55

Streit um das EU-Budget: Deutschland schmiert mit Milliarden die Umverteilungsmaschine der EU

Europa - JA / €uro - JA aber nicht so.... Ich weiß, dass es anders geht. Wir müssen aufpassen, dass uns die Krake Bürokratie nicht erwürgt. Europa und der €uro dürfen nicht von Politikern und Verwaltern kaputt gemacht werden. Die EU, der €uro sind der Schlüssel zum Erfolg u. innereuropäischen Frieden. Die Schuldenhaftung ist es nicht. Die Abgabe der Wirtschafts- und Finanzkompetenz kurzfristig auch nicht. Da muss die VERANTWORTUNG noch lange beim jeweiligen Mitglied bleiben. Überfällig: Abschaffung von 27 Nationalarmeen mit ihrer Bürokratie zu Gunsten einer 500-Tausender-Europa-Armee unter einem Verteidigungsminister. Ein von den Bürgern gewählter Präsident, der zugleich Außenminister ist. Und endlich: Europa-Sprache Englisch neben den Landessprachen. Der „Sprachmurks" kostet ein Vermögen...

Mittwoch 06 Feb. 2013 17.22

Steueroasen: Das Ende des Bankgeheimnisses

Es geht doch gar nicht ums Bankgeheimnis...Es geht um die staatlichen Einbrüche ins Privatleben. Der Staat haftet nicht für maßlose Steuerverschwendung und wundert sich über Steuerhinterzieher, zugleich leistet er Vorschub für Hehlerei. Er sollte lieber mal darüber nachdenken, woran das liegt. Ich weiß es: An über 72000 Steuer-Vorschriften und -Gesetzen, an schlechten Vorbildern in Sachen staatlicher Geldvergeudung und vielem mehr. Das darf natürlich für einige, wenige Staatsbürger nicht dazu herhalten, dass er kriminelle Energie entfaltet. Zurück zur Steuerehrlichkeit geht es nur mit konsequenten Änderungen der abgenutzten Steuer-, Finanz-, Renten- u. Gesundheits-Politik.

‚Geheimnis' – Eine Phantom-Debatte. Was bleibt Heute noch geheim? Die Sache an sich ist gut und schlecht, gleichermaßen...
Donnerstag 07 Feb. 2013 11.42

Bildungsministerin in „Glaubwürdigkeitsfalle": Experten sehen keine Chance für Annette Schavan

Doktor oder nicht, ist das wirklich die Frage...Ob Frau Minister Schavan nun einen Doktor-Titel zu Recht trägt oder nicht, ist mir offen gestanden, völlig egal. Die klugen Damen und Herren der Universität, die sich um die Vergabe der Doktor- und Professoren-Titel kümmern, sollten sich lieber mal fragen: Wer hat da vor über 30 Jahren bei der Prüfung der ach so wichtigen Doktorarbeit geschlampt??.. Eine ähnliche Frage stellte sich doch schon bei Herrn v. Guttenberg! Diese Prüfungen entwerten im Nachhinein die vergebenen Titel. Und ist es wirklich so wichtig, ob eine Dame oder ein Herr einen akademischen Titel trägt. Viel wichtiger ist, wie sich die Person im späteren Leben bewährt und den Nachweis von Qualität erbringen kann; erst dann kann man ermessen, ob sich ein Studium gelohnt hat....

Donnerstag 07 Feb. 2013 11.52

Nummern und Gebühren:
Sonderrufnummern: kostspielig oder kostenlos?

800er oder 700er Nummern sind sinnvoll - Alles andere hat den Geruch der Geldschneiderei. Frech wird es, wenn Firmen Kunden oder zukünftige Kunden über 0180 & Co. abzocken. Das hat nichts mit Service zu tun. Warteschleifen zu Lasten des Anrufers sind hart an der Grenze zum Betrug.

Montag 11 Feb. 2013 11.33

Die Plagiatsjäger schnüffeln weiter:
SchavanPlag Wiki will auch Wankas Doktorarbeit prüfen

Haben die "Plagiatsjäger" keine anderen Sorgen? Die Debatte sollte langweilen. Ob Herr zu Guttenberg, Frau Schavan, Frau Wanka und sicher noch viele andere ihren Doktor-Titel zu Recht tragen oder nicht, mag das private Hobby von Herrn Heidingsfelder sein - unser Land hat andere Sorgen. Eines fällt auf, dass der Herr "Plagiatsjäger" sich wohl nur im rechten Lager der Politik umsieht. Für mich stellt sich die _Grundfrage: "Ist ein Titel so wichtig...? Die Qualität der Prüfer stellt sich in Frage. - Wenn jemand auf Grund seiner Lebensleistung zum Dr. oder Prof. h.c., also ehrenhalber, ernannt wird, hat er meine Hochachtung. Wer ‚normaler' Doktor oder Professor ist, war fleißig und hat sein Ziel erreicht. In anderen Berufen nennt man solche Abschlüsse Geselle oder Meister; auch das hat meine Hochachtung.

Montag 11 Feb. 2013 14.25

Die Linke und der Luxus:
Wagenknecht liebt Reisen, teures Essen und Konzerte

Ich habe vieles mit S.W. gemeinsam... Warum Frau Wagenknecht nicht reisen und genießen soll, erschließt sich mir nicht. Ob ich so gut aussehe wie Sarah Wagenknecht - wohl eher nicht. Eins steht fest, dass ich ein weit besseres Politik-Konzept kenne. Den verkappten Sozialisten und Kommunisten fällt immer nur "Umverteilen" ein. Sie nehmen schlicht nicht zur Kenntnis, dass dieses System noch nirgendwo auf der Welt je vorbildhaft funktioniert hat. Da können noch viele Gläser Champagner auf das Wohl des Sozialismus getrunken werden. Die Champagner-Qualität leidet darunter nicht. Eins wünsche ich mir, dass die PDE populärer wird, ohne millionenschwere Werbekampagne. Um den Erfolg ist mir dann nicht bange. Ich trinke einen guten Rotwein auf das Wohl der SOZIALEN MARKTWIRTSCHAFT.

Montag 11 Feb. 2013 14.56

Nach dem Rücktritt:
Schavan erhält bis zu 200.000 Euro Übergangsgeld

Das spricht für sich…. Gibt es da etwa Parallelen zur Wirtschaft? Nein, dann wären es ja Millionen; zumindest bei den Aktiengesellschaften / französisch S.A. – anonyme Gesellschaft.

Donnerstag 14 Feb. 2013 18.12

Mästen, schlachten, abkassieren:
Das sind die Könige der deutschen Fleischindustrie

Billig - Billig ist verantwortlich …Derzeit ist die Fleischdebatte wohl in Mode. Ist das nicht ein Dauerthema? Die Informationen vom Focus sind hilfreich. Zum Skandal reicht es erst, wenn Gammelfleisch in den Umlauf kommt. Fakt ist aber, dass der Verbraucher in großer Zahl billig einkaufen will. Das "vernichtet" zwangsläufig den Einzelhandel aller Branchen. Billige Preise gibt es meist erst dann, wenn, wie beim Fleisch, die Landwirte und die Verarbeiter nicht ausreichend bezahlt werden. Kosten senken!? Diese Diskussion könnte man im Hinblick auf die ganze Discounter-Branche führen. Die wiederum richten sich aber nach den Kauferfordernissen der Kunden. Erst wenn besser bezahlt wird, kann der Kunde teuerer einkaufen und Qualität verlangen. Pferdefleisch ist von hoher Qualität. Miese Qualität: Die Ehrlichkeit bei der Auszeichnung.

Montag 18 Feb. 2013 12.25

Aktien, Fonds, Riester-Rente:
So trifft die neue Börsensteuer Privatanleger

Börsensteuer - Viel Lärm um nichts....?! Ich wage es kaum zu sagen: Auch hier haben PDE im Zuge ihres neuen Steuerkonzepts, das einfach und gerechter ist, die bessere Idee. Gewinne von Firmen und Selbständigen werden pauschal mit 30% versteuert. Alles andere schafft doch nur weitere Schnüffeleien, Potential zur Steuerhinterziehung und beschäftigt in Deutschland und in der EU eine riesige, Geld verschlingende Bürokratie.

Dienstag 19 Feb. 2013 11.10

Pferde-Skandal geht weiter:
Nestle-Produkte mit Pferdefleisch entdeckt

Etikettenbetrug - Kein Pferdefleischskandal ! Das Pferdefleisch ist genauso gut, gesund, belastet oder unbelastet, wie das Fleisch anderer Tiere, Fische eingeschlossen, das auf der Welt gegessen wird. Die Problematik liegt doch bei der Herstellung von Fertiggerichten, dazu gehört auch die Wurst. Wenn wir bei der Angabe der Zutaten und Inhaltsstoffe nicht richtig informiert werden, ist das der eigentliche Skandal. Das Wichtigste: Die Nahrungsmittel gefährden nicht die Gesundheit. Das wäre kriminell. Das mit den Niedrigpreisen hat oft auch etwas mit Qualität zutun. Das ist ähnlich wie beim Urlaub. Wer billig bucht, kann sich anschließend nicht beschweren, wenn er keinen 5-Sterne-Standard bekommt. - Wir versuchen, so oft wie möglich selbst zu kochen. Das macht Spaß und man weiß, was man auf dem Teller hat....

Dienstag 19 Feb. 2013 12.40

Neue Widersprüche aus Athen:
Die Griechen halten uns wieder zum Narren

Europa darf nicht zu Schulden-Union werden!! Schluss mit dem Vertragsbruch. Im Lissabon-Vertrag steht klar und deutlich, dass eine Schuldenhaftung nur bei Fällen höherer Gewalt möglich ist. - Das könnte einigen Politikern so passen, dass Schulden- machen jetzt generell zur "höheren Gewalt" zählt. Beim genaueren hingucken fällt auf, dass in Griechenland Jahrzehnte die sozialdemokratische PASOK verantwortlich war. Im jüngsten Zypern-Ärger wurde durch die aktuelle Wahl deutlich, dass dort ein Kommunist am Ruder war, den das Teil-Volk von Cypern jetzt abgewählt hat. Da stellt sich aber trotzdem die Frage: Gehört Zypern auf Grund seiner geografischen Lage überhaupt zu Europa?

Nein – Zypern dokumentiert das Problem.
Gehört die Türkei zu Europa'?

Antwort auch hier - NEIN. Wenn wir in Sachen EU-Erweiterung weiter so inkonsequent sind, stellt sich vielleicht auch noch die Frage, ob Israel zu Europa gehört wegen seiner vielen Bürger, die europäische Wurzeln haben … - Diese Frage stelle ich nicht und beantworte sie auch nicht.

Freitag 22 Feb. 2013 15.29

Rekordgewinn dank Porsche:
VW verdient mehr als je ein deutscher Konzern zuvor

Gewinne müssen nicht immer Rekordgewinne sein - Glückwunsch an VW und Glückwunsch an die vielen Mitarbeiter incl. Vorstand und Pförtner. Gewinn ist immer eine große Gemeinschaftsleistung. Glückwunsch auch an VW, dass vor nicht all zu langer Zeit den Mitarbeitern einige Tausender Gewinnbeteiligung überwiesen wurden. Gewinnbeteiligung ist der bessere Weg, als Kosten und Preis treibende Lohnsteigerungen. Jeder soll sich so teuer wie möglich ver-

kaufen. Aber statt an der Lohnschraube zu drehen, ist die Gewinnbeteiligung der bessere Weg. Mehr im Portemonnaie ist möglich,
wenn der Staat weniger raus nimmt. Meine Oma schimpfte oft: "Was
nimmst Du Dir denn raus ..."

Freitag 22 Feb. 2013 15.44

Auto: VW-Aufsichtsrat regelt Vorstandsboni neu

Ich freue mich neidlos über Boni, wenn sie auf Gewinnen basieren
und auch alle Mitarbeiter eine Gewinnbeteiligung erhalten. Bonus-
Zahlungen belasten den Staat nicht. Nach dem von mir entworfenen
Steuersystem, fließen 30% über die Steuer an den Staat und dienen
somit der Allgemeinheit. Gefährlich wird es erst dann, wenn Staat
und Regierung die Steuergelder, die zu treuen Händen anvertrauten
Gelder verprassen, ohne dafür persönlich haften zu müssen. Bevor
wieder eine Neidwelle los bricht - erstmal Verstand einschalten und
ideologisiertes Denken abschalten. Traurigerweise hat ‚Vater Staat'
oft genug bewiesen, dass er flott mit anderer Leute Geld umgeht.

Freitag 22 Feb. 2013 16.36

FOCUS Online enthüllt:
Griechische Buchhalterin ist die Nummer eins
auf Athens Steuersünderliste

Ist das nicht schon lange kriminell? Eine Schweinerei ist es, wenn
jetzt auch noch unterschwellig das Wort "Jude" eingemischt wird.
Wer ist in dem Theater griechisch-orthodox, katholisch, Mohammedaner oder Atheist.... Mit Religion der Beteiligten hat das Griechen-
land-Desaster nun wirklich nichts zu tun. Es kommt leider nie zur
Sprache, dass es die sozialdemokratische PASOK war, die Jahrzehnte in Griechenland geschlampt hat.

Letztlich ist Griechenland durch Hilfe der SPD (Finanzminister Eichel) in die EU gerutscht. Die Schuldenhaftung wird vehement von
links unterstützt.

Freitag 22 Feb. 2013 16.59

**Fairness, Qualität und Preis-Leistung:
Das sind die besten Privaten Krankenversicherer**

Das Krankenkassen-System ist KRANK…144 gesetzliche Krankenkassen sind Geldverschwendung im bestehenden System.
AOK + 2 Wettbewerber. Die gesetzlichen KK müssen jeden aufnehmen. Der Staat schreibt aus und vergibt befristete Lizenzen. Die
gesetzlichen Kassen sind gemeinnützige Gesellschaften -gGmbH-
mit dem Staat als 25,1% Gesellschafter. Gesellschaftszweck ist die
Krankenversorgung. Der Begriff 'Gesundheitskasse' ist gut gemeint,
aber erweckt falsche Hoffnungen. Wer zum Beispiel Wintersport
betreibt, kann nicht damit rechnen, dass sein möglicher Unfall eine
Krankheit ist und die Gemeinschaft der Versicherten solidarisch für
die Kosten eintritt. Hier ist eine Zusatzversicherung bei Privaten
vonnöten. Apropos PKK: Meinetwegen kann es tausende geben,
wenn sie wirtschaftlich sind.

Montag 25 Feb. 2013 13.41

**Fund in Ikeas Hackbällchen:
Pferd in „Köttbullar" – aber nicht in Deutschland**

Pferdefleisch ist auch im Pferdefleisch…Es ist und bleibt ein Etiket-
ten - Skandal. Alle Inhaltsstoffe dürfen nicht unsere Gesundheit gefährden. Die Supermärkte, auch IKEA, sollten umetikettieren und die
betroffenen Chargen in Sonderaktionen zu Billigst-Preisen verkaufen. Erst dann wird man genau ablesen, wie "abstoßend" das an
sich hochwertige Pferdefleisch ist. Etiketten-Betrüger gehören vor
den Kadi.

Dienstag 26 Feb. 2013 13.42

**Gas- und Ölförderung:
Regierung will umstrittenes Fracking zulassen**

Fracking - "Auf absehbare Zeit...." Typisches Polit-Wischi-Waschi.
Änderung des Wasser-Haushalts-Gesetzes... Herr Altmeier sieht nur
begrenztes Potential in Deutschland.... Klare Sprache wäre: Fracking ist für Deutschland total ungeeignet. Wir verfügen eben nicht,
wie die USA oder Kanada, über endlose wenig bis gar nicht besiedelte Gebiete. Wenn die USA uns in 20 oder 30 Jahren melden,
dass das Fracking ohne Folgen für das Grundwasser geblieben ist,
darf neu nachgedacht werden. Sicher ist die Sache dann schon wieder überholt, weil die technische Entwicklung und Forschung neue
Energiefelder aufgetan hat. Aus diesen Themen sollen sich aber die
Juristen raushalten, empfehle ich Herrn Rechtsanwalt Altmeier.

Mittwoch 27 Feb. 2013 16.58

Wirtschaftsweiser Feld redet Klartext:
Die ganze „Arm-trotz-Arbeit"-Debatte ist überzogen

Aufstocken ist keine Schande
Danke Prof.Lars Feld für klare Worte...Beim Lesen des Interviews
mit Clemens Schönmann-Finck, hatte ich phasenweise das Gefühl,
dass Herr Professor Feld, bereits Pressesprecher der PDE geworden ist (leider keine Realität), . Deutschland braucht in Europa nicht
Reparaturen am System, sondern eine 'Rundum - Erneuerung'. Wir
müssen vor allen Dingen raus aus der Schuldenhaftung. Ich wiederhole gern: Europa - JA, €uro- JA, aber nicht wie gehabt ....Die Mitgliedsländer brauchen den Wettbewerb. Und endlich eine gemeinsame Sprache neben den jeweiligen Landessprachen.

Wir dürfen in Europa nicht aneinander vorbeireden. Englisch ist
die einzig logische Kommunikation. Zweisprachigkeit – ein
Problem ??? Viele Länder haben damit keins – Sind wir Deut-
schen etwa zu dumm...???

28.02.13 – 21:01

(BPP) **Auch in der Kompromiss-Formel ist das Meldegesetz ei-**
ne Frechheit.

Der Staat erhält meine Daten zu TREUEN HÄNDEN und nicht zur Verwendung außerhalb der Verwaltung. Meine Daten sind keine Handelsware. Der faule Kompromiss, dass die Daten nur nach Freigabe durch den Bürger weitergegeben werden oder verkauft werden dürfen, ist außerdem nur ein Kosten intensiver Akt der Krake Bürokratie ! Das zeigt einmal mehr, wie wichtig die neue PDE ist. Mit Medienhilfe müssen wir einem großen Publikum bekannt werden. Die außer-staatliche Weitergabe von Daten ist und bleibt ein Skandal!

Diesen Text habe ich am 13.August 2013 geschrieben. – Über das Meldegesetz der Bundesrepublik Deutschland redet im Zuge der NSA - Geschichte kein Mensch mehr. Wenn ich nicht widerspreche, verkauft der Staat sogar meine Daten; selbst zu gewerblichen Zwecken.
Sind nicht auch ‚Hacker' nur Ausspäher …??

Montag 04 Mär. 2013 15.09

Stadtwerke schlagen Alarm:
 „Das ganze Ökostrom-System muss sich ändern"

Ökostromsystem muss sich ändern - wie wahr...In einem ähnlichen Zusammenhang bin ich heute auf eine Äußerung in der Berner Zeitung gestoßen, die ich sinngemäß wiedergebe: Fachleute, Ingenieure und Wissenschaftler sollten sich äußern und die Richtung vorgeben - keine politischen Entscheider. Ich lasse mich von ideologiefreien Experten beraten. Ich plädiere für den Energiemix und kurze Wege. Es ist Irrsinn, gewaltige Summen für Windparks im Meer zu versenken, Vogelschredder-Anlagen zu bauen, lange Kabel zu ziehen, die bei Anlandung weit weg sind vom Verbraucher. Dann werden insgesamt 1000e Kilometer Überlandleitungen gezogen mit System bedingtem Spannungsabfall. Das mit der Energiewende ist schön und gut, aber sie muss auch bezahlbar sein. Und hier besteht ein eklatanter Mangel an Vernunft....

Mittwoch 06 Mär. 2013 11.17

Mangelnde Haushaltsdisziplin:
Die Euro-Sünder werden schon wieder frech

"Die Euro-Sünder ..." Danke Uli Dönch - Wir dürfen uns die EU und
den €uro von niemandem kaputt machen lassen. Das wäre auch
gegen die Interessen von Deutschland. Wir dürfen die europäische
Idee nicht von Juristen infrage stellen lassen und die Dinge zu kompliziert betrachten. Die EU darf nicht zu einer Schuldenunion verkommen. Zweitwährungen müssen erlaubt sein. Die Welt geht nicht
unter, wenn die Griechen und andere parallel zu ihrer früheren Währung vorübergehend zurückkehren. Die Mitgliedsländer müssen
noch Jahre im wirtschaftlichen Wettbewerb bleiben. Der Vertrag von
Lissabon bietet keine Legitimation für eine Solidarität mit
Schuldenländern!

Mittwoch 06 Mär. 2013 12.40

Brüssel prüft versteckte Subventionen:
EU will Ausnahmeregelungen beim Strompreis kippen

"Die EU-Kommission hat Zweifel..." Salopp ausgedrückt, ich auch -
an deren "Zuständigkeits-Gebaren". Deshalb müssen wir aber nicht
das berühmte "Kind mit dem Bade ausschütten". Es gibt viel in der
EU zu tun, aber die Mitgliedsländer müssen im wirtschaftlichen
Wettbewerb bleiben - noch viele Jahre. Es soll nun sogar eine Partei
unter Mitwirkung von Herrn Henkel entstehen, die zurück zur D-Mark
will. Das schadet dem europäischen Gedanken. Der €uro ist unverzichtbar, aber bei "Wackelkandidaten" muss eine Zweitwährung erlaubt sein.

Das funktioniert im Prinzip doch auch bei 10 Nicht-€uro-Ländern .
Und: Wenn Deutschland eine andere Wirtschaftspolitik fährt, ist das
nicht Sache der EU-Kommission.

Donnerstag 07 Mär. 2013 15.59

Das Finanzamt will an Omas Geld:
Wann Rentner Steuern zahlen müssen

Selbst in der Rente kommt man nicht zur Ruhe...Wir dürfen nicht das Opfer der "Krake Bürokratie" werden. Das ist wieder mal ein Arbeitsbeschaffungsprogramm für Steuerberater. Die PDE wird das anders regeln, wenn sie "dran" ist: Renten u. Pensionen inkl. Nebeneinkünfte bis 3.000, -- € pro Person steuerfrei. Ab 3001, -- € werden alle Renten u. Pensionen und alle Nebeneinkünfte € für € pauschal mit 20% versteuert.

Freitag 08 Mär. 2013 12.07

Merkel lädt zum Energiegipfel:
Strom ist teuer, doch es ginge auch anders

Strompreis...- und wie es anders ginge ...?!

1. Wir brauchen neues Denken –
2. Neue Politik durch Praktiker
3. Austausch der bestehenden Regierungs-/ Oppositionsstruktur.

Das weist dann zwangsläufig auf eine PDE hin: Der Staat darf die Energiepreise nicht durch Steuern u. Abgaben verteuern. Der Staat muss pfleglicher mit den anvertrauten

Steuern umgehen. Die Förderung der Erneuerbaren mit Geld, ist Geldvernichtung / Steuerverschwendung. Wer bauen will, muss ein Konzept vorlegen, wie er die Nutzung der Erneuerbaren umsetzt - sonst gibt es keine Genehmigung. Deutschland muss in 15 Jahren nachrüsten. Konsequenz: Boom für Industrie, Handwerk und Handel/ Service. Effekt: Steuermehreinnahmen und Schaffung von Arbeitsplätzen.

Dienstag 12 Mär. 2013 13.17

So wollen Experten das Rentensystem retten :
Weniger Rente für Kinderlose:

Wer sich die Mühe macht wird feststellen, dass bei der PDE schon lange der Total-Umbau des Renten-/ Pensions-System gefordert wird. Das sog. "Schweizer Modell"), nach dem ALLE in die Renten- u. Pensions-Kasse einzahlen, ist eigentlich "ein alter Hut" (für die Schweiz). Wer in Deutschland aber etwas Neues einführen will, stößt auf die "Front der Komplizierer und Geht-nicht-Ablehner" Sicher ist das nur eine Minderheit, aber eine die sich permanent zu wichtig nimmt. Über 60% der Damen und Herren Abgeordneten des Deutschen Bundestags gehören in Regierung und Opposition dem Öffentlichen Dienst an bzw. sind Anwälte.
Wir wissen (BA f. Statistik), dass nur gut 6% der arbeitenden Bevölkerung zu diesen Berufsgruppen gehören. Änderungen/ Verbesserungen ? Da stehen "Experten" auf der Bremse…

Mittwoch 13 Mär. 2013 17.20

Fast 21 Milliarden Euro Steuern kassiert:
Fiskus erwischt immer mehr säumige Senioren.

Wenn der Staat nicht weiter weiß, …schickt er seine Bürokraten in die Spur. Ich schließe mich Herrn T. Klein an.
Er hat alles gesagt. Wir brauchen einen totalen Steuerumbau und Schritte gegen die legalen Steuer-Verschwender.

Ich kenne Herrn Klein zwar nicht, aber wenn er einen totalen Steuer-Umbau und Schritte gegen die legalen Steuer-Verschwender anmahnt, ist er mein Freund.

Montag 18 Mär. 2013 13.36

Wirtschaftsweiser Bofinger warnt:
Zypern-Enteignung gefährdet gesamten Euroraum

Ja, Ja Herr Bofinger ...wie Recht Sie haben...

In unserem Land wimmelt es von Fachleuten jeden Geschlechts. Alle kritisieren und wissen es oft auch besser - Nur aktiv werden in der Politik, da hapert's. Die PDE weiß, worüber sie redet... Wir bemühen uns um einen Neuanfang und mehr wirtschaftliches, finanzielles Fachwissen im Deutschen Bundestag. Das Echo ist nahezu Null. Die Wirtschaftsführer verweisen auf ihre Lobby-Verbände. Die Wissenschaftler sind meist Bedienstete im Öffentlich Dienst. Das ist die Krux. Die Volksvertretung besteht zu über 60% in Regierung und Opposition aus
Öffentlichem Dienst und Anwälten. Ich kommentiere das mit "Schuld sind die Wähler und Nichtwähler", die sind verantwortlich für die Parlamentszusammensetzung und beschränken sich anschließend auf's Meckern und Kritisieren... Wer will schon was ändern?!

Montag 18 Mär. 2013 14.36

Rösler: „Dummheit kann man nicht verbieten": FDP-Minister lehnen NPD-Verbotsantrag der Bundesregierung ab

Politik sollte nicht nur Populismus sein ...Dummheit kann man nicht verbieten. Sie wird unkontrollierbar, wenn sie in den Untergrund verschoben wird. Aus den Parlamenten kann man die NPD besser raushalten, wenn das Wahlrecht verändert wird. Aber ob da dann wieder die FDP mitspielt oder Die Linke ... Vielleicht gibt es sogar Ärger mit den GRÜNEN... 5% - 10% - 15% Hürden wären abhängig von der Wahlbeteiligung. Also: Niedrige Wahlbeteiligung - Hohe Hürden. Das ist de facto ein Volksentscheid und nicht die "Diktatur der Kleinen". - Auch eine PDE käme nur zum Zuge, wenn es die Mehrheit der Damen und Herren Wähler will. Koalitionen stehen auf keinem Wahlzettel.

Montag 18 Mär. 2013 17.17

Nach Zusammenbruch auf CDU-Versammlung:
Bosbach scherzt bei Jauch über defekten Defibrillator

58

Bravo, Herr Bosbach ... Sie sind zwar auch Rechtsanwalt, aber was für einer ...(s.Wikipedia) Jemand aus dem Leben und Vorbild für Ihre Kollegen einer Volksvertretung, die schon lange keine mehr ist. Es mangelt an berufserfahrenen Praktikern. Über 60% Öffentlicher Dienst u. Anwälte. Menschen, die schon einmal Verantwortung in einem Unternehmen oder in ihrer Selbständigkeit getragen haben - Mangelware. Noch mal - HUT AB für vorbildhaftes Verhalten und sich nicht gehen lassen...

Montag 18 Mär. 2013 17.31

Mehrkosten für private Haushalte:
Trittin: Koalition schröpft Bürger bei Energiewende

Nee, Herr Trittin - wer hier wohl wen "schröpft" ? Sind die GRÜNEN nicht die Erfinder der Energiewende, an die sich Frau Merkel nur populistisch angehängt hat ? Es wird Sie verblüffen (oder es wird Ihnen egal sein/ wahrscheinlich letzteres)): Besonders die PDE ist für eine Energiewende - aber für eine bezahlbare für Private UND die Wirtschaft. Wir plädieren für den Energiemix ohne die Geld vernichtende off-shore-Technik. Wir gehen im Gegensatz zu den Grünen ideologiefrei an die Sache ran. Natürlich ist das Ende der AKW absehbar, zumindest der alten - aber das schließt Entwicklungen nicht aus, die GAU- und SUPERGAU-frei sind. Wir plädieren für eine saubere Luft ohne fossile Verbrennungsrückstände.

Montag 18 Mär. 2013 18.21

Spielraum bei Zwangsabgabe:
Euro-Gruppe: Keine Abgabe von Kleinsparern in Zypern

Kürzer geht's nicht... JA zu Cypern's Bitte und abhaken...

Freitag 22 Mär. 2013 15.34

Steuerpläne für Eheleute:
Grüne wollen Einkommen ab 4500 Euro stärker belasten

Ehrlicher & Gerechter ...10% ab 1.501, -- € ab erstem €uro mtl. Niedrigsteuersatz, weiter mit 10% ab 1.700,-- - 2.000, -- €. fließender Übergang - 20% ab 2.500,-- € . 30% ab 4.000,-- Steuerberater werden zu Anlageberatern. Wir sind sicher, dass so Steuerflucht und Steuerhinterziehung stark eingeschränkt werden. - DURCH DIE MEHRWERTSTEUER SIND WIR ALLE STEUERZAHLER: 5% auf die lebensnotwendigen Dinge - 20% auf ehem. 19%/ keine USt. Vorauszahlungen mehr - 25% auf alles was das Leben schöner macht, aber vielleicht nicht unbedingt nötig ist. u.v.m. - Raten Sie mal, wer das im Programm hat....

Montag 25 Mär. 2013 12.18

**Interview mit Italiens Top-Journalist de Bortoli:
„Grillos Kampfansage ist kein Witz mehr"**

Ob die führende ital. Tageszeitung "befürchtet" oder nicht, ist zweitrangig. Nur Fakten zählen. Noch sind wir wohl 17 €uro-Länder. Wenn mit Zypern, Griechenland und vielleicht sogar Italien einige ausscheiden, geht die Welt nicht unter, nicht mal Europa. Fakt: Der €uro ist in allen Mitgliedsländern ein anerkanntes Zahlungsmittel.

26.März, 2013 – 20:00

Oliver Kahn hat mal gesagt "Wir brauchen Eier..."
Als österliches Zitat war das nicht gemeint - bezogen auf ein Fußballspiel sollte es heißen "Wir brauchen Mut und Rückgrat..." Genau das bietet die neue PDE

(BPP) Mir geht es sicher wie Vielen... "Ich kann die 'Laber-Statements' von vielen Gästen in Talkshows nicht mehr hören. Jüngstes Beispiel bei "Anne Will".: Frau Professor Höhler lebte ihre "Anti-Merkel-Phobie" aus und kritisierte in diesem Zusammenhang die Bundeskanzlerin. Als es dabei dem alt gedienten Politik-Profi Klaus von Dohnany, den ich hoch schätze, zu bunt wurde, mahnte er bei Frau Gertrud Höhler Vorschläge für eine bessere Politik an. Die Worte "Wie" und "Was" lösten weitere Pseudo-philosophische Schwafeleien aus. - Zugegeben: Ich bin einem großen Publikum nicht bekannt, aber vielleicht doch bekannter als ein Herr Pantelouris, der sich lang und breit äußern durfte. Aber auch dieser deutsche Jung-Journalist mit griechischen Wurzeln hatte kein konkretes Programm. Auf die Gefahr, dass die PDE auch von Anne Will; ihrer Redaktion und anderen Sendern weiter nicht beachtet werden, weil wir nicht bekannt sind und sich sogar die Presse darauf beruft. .

Wir bieten ein konkretes Europa-Programm mit völlig neuen Ansätzen! Wir bieten einen durch gerechneten Steuerumbau!

Wir bieten grundsätzlich einen anderen Ansatz in der Politik!

Wir fordern Praktiker für den Bundestag und keine "Cheftheoretiker"!
Wir wissen: Ohne florierende Wirtschaft, ist SOZIALE MARKTWIRTSCHAFT NICHT MÖGLICH.

Wir sind eine Volkspartei, die dank der Medien, kaum jemand kennt. Wenn sich das ändert, wird den Damen und Herren Wähler klar, dass Sie es im wahrsten Sinne des Wortes "in der Hand haben". Schuld sind immer nur die Wähler UND die Nichtwähler. Sie sorgen für die Zusammensetzung der Volksvertretung - des Deutschen Bundestages, der derzeit von über 60% Öffentlicher Dienst und Anwälten in Regierung und Opposition dominiert wird. Lt. Destatis sind das aber nur gut 6% der Bevölkerung - es regiert und opponiert also eine Minderheit ... gewählt vom Wähler.)

Weiter so oder ändern....

Mittwoch 27 Mär. 2013 14.01

Malta, Slowenien, Luxemburg:
Das sind die neuen Euro-Krisenkandidaten

In Zukunft: Klarheit für die EU & den €uro - Die EU besteht in Kürze aus 28 Mitgliedsländern - 17 Länder sind zurzeit in der €uro-Gruppe. Warum soll "die Welt / gemeint ist die EU / untergehen" wenn zukünftig vielleicht nur noch 10 Länder der €uro-Gruppe angehören...?

Fakt ist doch, dass der €uro in der gesamten EU ein anerkanntes Zahlungsmittel ist. Das verbindet. Wenn aber einzelne Länder finanzielle "Wackelkandidaten" sind, sollten bzw. müssten sie ihre alte Währung wieder einführen. Das ist eine Forderung der PDE (seit Mai 2012) Deutschland lebt gut mit dem €uro. Das mit der Schuldenhaftung ist Vertragsbruch. Für ihre falsche Politik, können die Schuldenländer nicht gegenseitig haften. Deutschland in Europa darf sich nicht aus falsch verstandener Solidarität selbst schwächen. Unser eigener Schuldenberg ist hoch genug.

Donnerstag 28 Mär. 2013 18.20

Umstrittene Rechtsprechung:
Die zehn unglaublichsten Hartz-IV-Urteile

Hartz IV Arbeitsbeschaffung für Juristen - Hartz IV beweist täglich, dass es ein Bürokratie - Monster ist. Eine gut gemeinte Absicht wird zum Arbeits-Beschaffungs-Programm für Juristen, entwürdigt den Großteil der Bezieher und schafft für wenige die Basis für Sozialbetrug. Die PDE bietet Lösungen, die kaum jemand ernsthaft diskutiert. Warum ? Mit Ausnahme von FOCUS-ONLINE geben Medien selten eine Plattform zur Diskussion. Das Haushaltsgeld kann Hartz IV ablösen, die Problematiken um ALG II, aufkommende Altersarmut sowie die Rentenfrage neu regeln. Ich weiß, dass es geht und bezahlbar ist!

Mittwoch 03 Apr. 2013 18.55

Studie „Tod aus dem Schlot": Greenpeace macht Kohlekraftwerke für Tausende Todesfälle verantwortlich

Panikmache wird zum Tagesgeschäft. Im Ruhrgebiet konnte man früher keine Wäsche raushängen, weil sie dreckig wieder rein kam. Verbleites Autobenzin verpestete die Luft. Später haben uns dann die Atomkraftwerke verstrahlt. Das Grundwasser ist permanent gefährdet, das Essen ist auch belastet, rauchen ist, außer für Helmut Schmidt, lebensgefährlich. Alkohol und Drogen vergiften uns ... Die DDR hatte ihr Bitterfeld, ihre Kohleheizung und den 2-Takter. „Gott sei Dank haben wir Greenpeace" - sonst würden wir an uns selbst sterben. Übrigens: Gestorben wird seit eh und je und das wird so weiter gehen....

Freitag, 05.04.13 – 12:27 – **PDE im Bundespresseportal**

(BPP) Die jüngsten Äußerungen (spd.de) von Peer Steinbrück, hätten in ihrer Belanglosigkeit auch von den Pressediensten der anderen etablierten Parteien kommen können. CDU/CSU, SPD, FDP und GRÜNE sind gleichermaßen mitverantwortlich für die Voraussetzungen zum Steuerbetrug. Über 72 Tausend Vorschriften und Gesetze bieten die Grundlage. Zugleich sind sie Basis für die Arbeit von Kundenberatern der Geldinstitute und der Steuerberatungsbranche.

Den eigentlichen "Steuerbetrug am Bürger" begeht oft genug der Staat durch die Selbstbedienungsmentalität der Abgeordneten (Diäten), leichtfertigen Umgang mit den zu treuen Händen übergebenen Steuergeldern bis hin zur Steuerverschwendung (siehe "Schwarzbuch" Bund Deutscher Steuerzahler) und auch der Haftung für div. Rettungsschirme, die notwendig wurden durch die ungedeckte Schuldenpolitik einiger Staaten. Wer dann noch, wie Herr Steinbrück, das Wort "kriminell" in den Mund nimmt, übersieht geflissentlich, dass der SPD-Finanzminister Borjans (NRW) Steuermillionen in die Hand nimmt, um gestohlene Steuer-CDs aufzukaufen.

Das Strafgesetzbuch nennt so etwas Hehlerei. So wird dann die Vorbildfunktion des Staates endgültig "zu Grabe getragen". 'Der Zweck heiligt die Mittel' ist zwar als Spruch beliebt, aber weder für Stehler noch Hehler nachzuvollziehen....

Ich will durch unsere Steuerpolitik den Boden dafür bereiten, dass sich Unternehmer, Selbständige und die sie tragenden Mitarbeiter fair behandelt fühlen. Das schließt ausdrücklich, die nicht mehr im Arbeitsprozess befindlichen mit ein. Gerade diese Damen und Herren haben sehr überwiegend dafür gesorgt, dass es nach dem "NAZI-Weltkrieg" wieder aufwärts ging, so Karl Jobig (Vorsitzender und Gründer der PDE) und weiter: Wir bekämpfen das Bürokratiemonster durch gerechte und einfache Lohn- u. Einkommensteuern

10/20/30% Gewinnbesteuerung pauschal 30%. Umbau bei der MwSt / Umsatzsteuer: 5% / 20% / 25%. Wir streichen HARTZ IV, ALG II und verhindern Altersarmut durch ein Haushaltsgeld zu klaren Bedingungen.

Freitag 05 Apr. 2013 12.46

Enteignung durch kalte Progression:
Diese Einnahmen sind selbst Schäuble peinlich

Steuermilliarden: Das sollte vielen peinlich sein. - Dass der "arme Herr Schäuble" wieder mal den Kopf hinhalten muss, ist nicht ganz fair, wenn auch richtig. Die Liste der Verantwortlichen umfasst u.a. auch Herrn Eichel. Hauptverantwortlich sind aber die Damen und Herren Wähler, die seit Jahrzehnten Schwarze, Rote, Gelbe und Grüne in die Regierungen und Parlamente wählen - "Die da oben, werden es schon richten..." Das ist Selbstbetrug pur. Nur eine neue Steuerpolitik wird für Änderung sorgen. Aber bei der Wahl werden wieder "die Böcke zum Gärtner gemacht" - Wetten, das ...?!

Sinnbild für verfehlte Steuerpolitik:
Wolfgang Schäuble und Peer Steinbrück

Dem einen sind die ständig steigenden Steuereinnahmen fast schon peinlich, der andere prangert die stattfindende Steuerhinterziehung an. Beide übersehen dabei geflissentlich, dass CDU/CSU, SPD, FDP und GRÜNE in den vergangenen Jahrzehnten mehr oder weniger „am Drücker" waren. Namen wie Bundeskanzler Schröder, Finanzminister Eichel sowie Professor Schiller und auch Helmut Schmidt, sollten dabei nicht in Vergessenheit geraten.... In Vergessenheit geraten ist leider der Finanzminister aus den Gründerjahren, Fritz Schäffer. Er schuf den so genannten ‚Julius-Turm' in dem sinnbildlich die Steuerreserven der damaligen Bundesrepublik „gebunkert" waren... Darüber sollten die „staatlichen Steuervernichter" unserer Tage mal nachdenken.

In Jahrzehnten sind über 72.000 Steuerverordnungen und –Gesetze entstanden.

Das „Werk" von Fachtheoretikern und Anwälten, die offensichtlich noch nie eine Firma, ein Unternehmen eigenverantwortlich und haftend geführt haben ?! Sie haben die Basis für eine Zwei-Klassen-Gesellschaft der besonderen Art geschaffen. Klasse 1 Steuern zahlen (Meckern erlaubt) + Klasse 2 – Steuern vermeiden durch Steuerberater.

Und wer ist der eigentlich Verantwortliche? Antwort: Das Heer der Damen und Herren Wähler und Nicht-Wähler sowie unser Wahlrecht. Durch Prozentrechnung und Mathematik entstehen Mehrheiten (Koalitionen), die eigentlich auf keinem Wahlzettel stehen; dazu kommt, dass die Volksvertretung (Deutscher Bundestag) in Regierung u. Opposition mit über 60% dominiert wird, vom Öffentlichen Dienst und Anwälten. Diese wiederum sind aber nur mit knapp über 6% Anteil der arbeitenden Bevölkerung (Statist.) Es gibt derzeit nur eine „Volkspartei" die kaum jemand zur Kenntnis nimmt: Die PDE mit einem Steuerkonzept, das Änderungen vorsieht: Lohn- und Einkommensteuern ohne sog. „kalte Progression" / 10, 20, 30% - pauschale Gewinnsteuer 30% dazu ein Totalumbau der MwSt./ Umsatzsteuer mit Senkung auf 5% und 20% + 25% für die Dinge, die das Leben möglicherweise schöner machen?! Die Einteilung der Steuersätze ist revolutionär. Bei der Umsatzsteuer fällt zum Beispiel die Vorauszahlung weg. Wieso sollen Unternehmer und Selbständige dem Staat de facto ein Darlehen geben – bei der Bonität? –

Die Sache mit uns hat nur einen Haken: Es fehlt ein klarer Auftrag durch die Damen und Herren Wähler, damit wir unser Versprechen einhalten können. Leider schaffen wir die bürokratischen Hürden des Wahlrechts nicht mehr für 2013 – aber die nächsten Wahlen kommen bestimmt – und wenn es vorgezogene Neuwahlen sind; dann mit der PDE!!

Freitag 05 Apr. 2013 16.43

Teure Gebäudesanierung:
Wie Hausbesitzer für den Klimaschutz gemolken werden

Es gibt weit bessere Vorschläge / Energiemix ... Ob ein Hausbesitzer sein Haus dämmen will oder nicht, ist ausschließlich seine Angelegenheit. Das kann der Staat nicht "anordnen". Die Stromrechnung zahlen schließlich Hausbesitzer bzw. Mieter. Was er aber fordern kann, ist der Nachweis, wie sich der Hausbesitzer zur Versorgung seines Hauses positioniert: Solaranlagen, Erdwärme, Bio-Energie und und und ... Bei geeigneter Lage sind auch Windanlagen möglich. Speziell Sonne und Wind sind aber nicht immer verfügbar - somit nur Ergänzungen. Das komplette Energiekonzept passt leider nicht in wenige Zeilen - davon träumt Herr Altmeier.

Energiepolitik, wie sie zum Beispiel die PDE propagiert, kann zu einem Job-Motor werden in der Industrie, beim Handwerk und beim Handel. Werden es die etablierten Parteien schon richten???

Nein – sie werden es nicht:
Sie stehen sich selbst im Weg. Kreativität scheitert an Bürokratie. (Kreativität im Bundestag ‚ist unterbesetzt'☺)

Samstag 06 Apr. 2013 16.12

FOCUS-Leserdebatte: Brauchen wir eine euro-kritische Partei?

Was halten Sie davon...? NICHTS - "Alternative für Deutschland" ist eine Gefährdung für Deutschland und Europa. Die wahre Alternative für Deutschland liegt nur in einem Politikwechsel, der Europa stabilisiert und den €uro erhält. Alles andere führt zurück in den Nationalismus. Eine Wiedereinführung der DM können nur Leute empfehlen, die wirtschaftliche Zusammenhänge nicht begreifen oder aus ideologischen Zwängen nicht begreifen wollen. Der €uro ist unsere Gemeinschaftswährung, was nicht ausschließen soll, dass Länder die es für angebracht halten, eine Zweitwährung einführen können. De facto ist der €uro ohnehin nur in 17 Ländern die einzige Währung. Wo liegt das Problem?? Wir müssen nicht für die Schulden der Nachbarn haften. Das fordere ich, seit geraumer Zeit. Leider wird die "Volkspartei" PDE noch kaum wahrgenommen.

Dienstag 09 Apr. 2013 10.56

**Mindestlohn und Mietpreis-Bremse:
Die teure Mär von der sozialen Gerechtigkeit**

Was soll man da noch kommentieren, Uli Dönch...?? Die Überschrift ist schon der Kommentar! Anmerkungen muss ich mir ersparen, denn dann müsste ich massiv auf die PDE hinweisen. Die Wahl kommt und alles bleibt beim Alten...Koalitionen stehen auf keinem Wahlzettel. Mathematik und Prozentrechnung bestimmen unsere Zukunft....

Mittwoch 10 Apr. 2013 19.17

Hohe Beiträge, meckernde Kunden:
Privater Krankenversicherung droht das Aus

Das Krankenkassensystem ist krank... Das System macht sich selbst krank. Die Kassen sind zu aufgebläht und Blähungen verursachen Schmerzen. Ich weiß nicht was Politik und Funktionäre empfehlen. Die PDE zum Beispiel empfehlen als Pflichtversicherung die AOK + 2 Mitbewerber (statt 144). Eine Pflichtleistung ist die Behandlung einer Krankheit bzw. eines Leidens; ambulant und stationär. Sport- u. Freizeitunfälle sind keine Krankheiten. Die Werbebotschaft "Gesundheitskasse" ist irreführend. Ärzte und . Krankenhäuser dürfen niemanden ablehnen. Privatversicherungen sind Firmen der freien Markwirtschaft. Sie stehen im Wettbewerb. Das schließt die Mitgliedsbeiträge ein. ALLE müssen ausnahmslos, analog zu ihrem Einkommen, einen Beitrag für die Pflichtversicherung leisten.

Wenn ich sage ALLE, dann meine ich auch ALLE, auch die Mitglieder von Privaten Krankenkassen. 15% Sozialabgaben auf ALLE Einkommen.

Donnerstag 11 Apr. 2013 16.35

Irre Steuergesetze:
Deutsche Politiker haben keine Gnade
mit dem ehrlichen Steuerzahler

Frank Thewes spricht Millionen aus dem Herzen...und fordert zugleich die "Neider- und Jammerer-Fraktion" heraus. Meine Freunde und ich sagen schon seit Langem, Steuerhinterziehung ist kriminell, genauso kriminell ist staatliche Hehlerei. Solange wir durch Wahlverhalten immer wieder dafür sorgen, dass die Erfinder von über 70 Tausend Steuerverordnungen und -Gesetzen, also CDU/CSU, SPD, FDP und GRÜNE weiter unter der "Führung" vom Öffentlichen Dienst und Juristen an der Aufblähung unserer Bürokratie "arbeiten" dürfen, wird sich nichts ändern. Tragisch: Die Linke ist eine Alternative für weiteren Abstieg und "Pseudo-Gerechtigkeit". Eine "Alternative für Deutschland AfD" schädigt das Land und Europa. Die PDE nimmt fast niemand zur Kenntnis - mit Ausnahme vom FOCUS...

Donnerstag 11 Apr. 2013 17.09

„Thomas, wir lieben dich":
Berliner Studenten klatschen de Maizière aus der Uni

Den Studenten auf die Agenda...Gegen Dummheit ist kein Kraut gewachsen. Mit "Mund-tot-Aktionen" bringt man sich in die Nähe von Nazis und Diktatoren. Sicher sind diese "Spinner" nur ein Nano-Ausschnitt aus unserer Gesellschaft - Oder...?

Freitag 12 Apr. 2013 12.33

Koalition streitet wegen Lücke:
Euro-Gruppe stimmt für Zypern Milliarden-Hilfe

Es geht überhaupt nicht um Zypern. - Es geht ums Prinzip. Wir dürfen Europa und den €uro nicht ruinieren lassen, durch fehlerhafte Politik die zur Schuldenhaftung führt. Schuldenhaftung geht gegen jede Vernunft. Fragen Sie mal Ihre Nachbarn. Neben der

Gemeinschaftswährung €URO muss im Bedarfsfall auch eine Zweitwährung erlaubt sein. Es sind ohnedies nur 17 Länder in der €URO-Zone, mein Gott - dann sind es eben ein paar weniger....

Karlsruhe gibt türkischer Zeitung ‚Sabah' recht:
Türkische Reporter bekommen Sitz im NSU-Prozess

Diese "Peinlichkeit" war überflüssig .Die Münchner Landgericht-Juristen haben wegen eines "Stuhlproblems" Deutschland der Lächerlichkeit preisgegeben. Eine Stuhl-Banalität musste vom Bundesgerichtshof geklärt werden. Danke den Damen und Herren in Karlsruhe für die "Einschaltung des gesunden Menschenverstandes auf gesetzlicher Grundlage". - Die "heimliche Regierung" sitzt in Karlsruhe.

Pragmatische Lösung für das ‚Stuhlproblem': Der verantwortliche Richter geht mit dem Hausmeister in den Saal – „Wie kriegen wir hier noch 5 Stühle unter" – Hausmeister: „Chef, das wird schwierig, aber warum legen wir bei den 150 Besucherplätzen nicht einfach auf fünf ein Reserviert für Presse –Schild"? – Verantwortlicher Richter: „Danke – so machen wir das" …

Milliarden und Billionen - Die "Nullen" in der Politik
(BPP) Ach waren das noch Zeiten, als Normalmenschen ins Grübeln gerieten, wie viel Nullen Milliarden oder Billionen haben. Welchen 'Nullen' in der Politik verdanken wir eine Entwicklung, die aus dem Ruder zu laufen droht. Um da etwas zu ändern, versuchen wir immer noch, die bürokratischen Hürden für die Wahlteilnahme zu überwinden. Möglicherweise arbeitet die Zeit gegen uns, so Karl Jobig, der PDE-Gründer.
Aus welchen Hirnen stammen Überlegungen, das Bankgeheimnis zu lockern? Sind da die Erben von George Orwell am Werk, der 1949 seinen Roman "1984" veröffentlichte und glaubte das Horrorgemälde "Überwachungsstaat" zu beschreiben. Er konnte unmöglich ahnen, was "Cheftheoretiker" und Bürokraten noch alles anrichten.

1984 war unser Land noch fast in Ordnung. Wenn wir jetzt nicht aufpassen, wird der Überwachungsstaat traurige Realität. Der 'Freibrief' stammt vom Wahl- und Nichtwahl-Volk. Damit uns hier niemand missversteht: Die PDE will mehr Sicherheit auf den Straßen und im Internet. Da gibt es ein weites Feld für Überwachung und Vereitelung von Straftaten. Im Internet tummeln sich immer mehr Menschen unter falschem Namen oder anonymen Bezeichnungen; fast so wie bei den Steueroasen. Die aber wollen wir auf gesetzliche Art austrocknen. Die über 70.000 deutschen Steuer- Verordnungen u. -

Gesetze müssen so gestaltet und vereinfacht werden, dass es für einen ehrlichen Kaufmann nicht mehr attraktiv ist, seinen Gewinn der Steuer zu entziehen. Das gleiche gilt für die Schwarzarbeit. Wenn wir dann noch aufhören, denen unsere Solidarität zu sichern, die sich selbst in die Schulden manöveriert haben, entsteht auch wieder Freude an einer Zukunft mit Europa und dem €uro und möglichen Zweitwährungen..

Montag 15 Apr. 2013 12.07

Steinbrück will Hauptstadtbüro-„Chefin" werden:
„Bei einer Niederlage bewerbe ich mich beim ZDF"

Berlin direkt / Schausten vs. Steinbrück - Die Sache mit der ZDF-Bewerbung zeigt wieder mal "Man muss nicht alles auf die Goldwaage legen, was der Kanzlerkandidat so von sich gibt" - Aber im Zusammenhang mit der Homo-Ehe macht eine ZDF-Hauptstadtbüro - CHEFIN Peer Steinbrück ja durchaus Sinn. Frau Schausten, Ihnen biete ich dann die Leitung des Hauptstadt Büros der PDE an....

Montag 15 Apr. 2013 14.23

Wegen Streit um Sitzplatzvergabe:
NSU-Prozess wird um drei Wochen verschoben

Die Posse geht weiter - armes Deutschland...Ich denke es war alles geklärt. 5 Stühle in den Saal, alle türkischen Medienvertreter, die sich beim Gericht gemeldet haben, in eine Lostrommel. Öffentliche Ziehung und fertig - Merkt denn keiner, wie uns Bürokraten an den Rand der Lächerlichkeit bringen?? Und Frau Nahles (SPD) begrüßt sogar die Verschiebung.

Montag 15 Apr. 2013 14.40

Streit in der Union:
CDU einigt sich auf Kompromiss bei Frauenquote

Flexiquote / Frauenquote - Haben wir Sorgen....Ist Angela Merkel wegen der Frauenquote Kanzlerin geworden ? Wenn ja, dann müsste aus Quotengründen jetzt wohl ein Mann ran... Frauen haben doch keinen "Behindertenstatus". Wer durch eine Behinderung gestraft ist, dem wird durch eine Quote geholfen. Wenn ein Job besetzt werden soll oder muss, kann sich jeder bewerben. Der beste Bewerber wird ausgewählt. Sollen die im Öffentlichen Dienst sich doch an der Frauenquote dilettieren... Finger weg von der Wirtschaft - Es gibt dankenswerterweise reichlich Frauen in Chefpositionen, dass es nicht mehr sind, ist eben ein persönliches Problem... Mein Chef ist meine Frau.

Montag 15 Apr. 2013 17.08

Streit um Höhe der Vermögen:
So reich sind die Südeuropäer wirklich

Mann, Mann, Mann - Schuldenhaftung ...Wir wissen schon lange, dass der permanente Vertragsbruch des EU-Vertrags von Lissabon, die Wurzel allen Übels ist. Schuldenhaftung ist dort nur in Fällen "Höherer Gewalt" vorgesehen. Glauben "unsere Polit-Götter" wirklich, dass ihre Schuldenpolitik "Höhere Gewalt" ist?? Da hält sich die Bundesrepublik Deutschland doch sehr zurück. Unser Haushaltsdefizit beträgt gut 2 Billionen. Haften die Länder Europas auch dafür? Europa muss noch lange im wirtschaftlichen Wettbewerb bleiben. Irgendwann in den nächsten vielen Jahren, wenn wir fest zusammengewachsen sind, kann man über Steuerangleichungen reden. In der €-Gruppe sind 17 Länder, dann sind es eben einige weniger. Drachme geht ja auch als Zweit-Währung.

Montag 15 Apr. 2013 18.

46 Parteien:
Parteien grenzen sich von Alternative für Deutschland ab.

AfD - pseudo-populärer "Anti-EU-Schrott"..
Sicher ist Herr Professor Doktor Lucke ein ehrenwerter Mann, aber die Politik seiner gerade gegründeten AfD bietet als Alternative für

Deutschland ein unkalkulierbares Chaos nicht nur für Deutschland, sondern auch für Europa. Die PDE sind derzeit wohl die einzige politische Gruppierung, die klar und deutlich für Europa und den €uro plädiert, allerdings nicht so wie die Sache gehandhabt wird. Europa ist unsere Zukunft. Wir müssen endlich vom 1.Schuljahr dafür sorgen, dass Europa ein Zweisprachen-Verbund wird. Wie sollen wir uns verstehen, wenn wir nicht eine Sprache sprechen. Das dabei die jeweilige Muttersprache bestehen bleibt - versteht sich!!! In Sachen €uro muss man sich über Herrn Prof.Lucke schon wundern. €uro ist Gemeinschaftswährung - Zweitwährungen sind möglich!!

Dienstag 16 Apr. 2013 13.54

Rheinland-Pfalz kauft Steuer-CD:
Razzia gegen mutmaßliche Steuerbetrüger

Gleiches Recht für Alle ...lebt der **SPD-Finanzminister Kühl in einem eigenen Rechtssystem? Er beantwortet kriminelle Steuerhinterziehung mit einer eigenen Straftat.** Er nimmt 4 Millionen aus der Staatskasse und drückt sie einem Kriminellen in die Hand, der vorher seinem Arbeitgeber einen Daten-Satz geklaut hat. Das Strafgesetzbuch nennt so was Hehlerei. "Der Zweck heiligt die Mittel", sagt der Volksmund. Aber steht so etwas im Gesetzbuch?? Kein Mensch redet über die Ursachen krimineller Steuerflucht. Die hat der Staat mit CDU/CSU, SPD, FDP und Grünen beschlossen. Über 70.000 Steuer-Verordnungen und -Gesetze sind die Wurzel des Übels. Die Steuerberater - Branche verdient damit Geld, natürlich nicht alle, aber die "Schwarzen Schafe".
Wir brauchen einfache und gerechtere Steuergesetze!

Dienstag 16 Apr. 2013 15.24

Desaster der Einheitswährung:
Ist man als Euro-Kritiker schon ein Nazi?

Alternative für Deutschland ? Ich kenne eine .Der Uli Dönch Artikel ist ein Bekenntnis zur Freiheit der Meinungen. Aus meiner Sicht wird leider nicht deutlich, dass die AfD nur auffällt durch ihr Anti-€uro

Programm und einer sehr kritischen Haltung zu Europa. Die Politik bringt es ja noch nicht mal fertig, dass europäische Kinder in Deutschland von Anfang an neben ihrer Muttersprache auch Englisch lernen. Wie sollen wir einander verstehen, wenn wir nicht eine Sprache sprechen? Der €uro ist unsere Gemeinschaftswährung - allerdings sollte eine Zweitwährung (z.B. Drachme) dort möglich sein, wo es sinnvoll ist.

Der Irrweg "Schuldenhaftung"
ist definitiv zu verbieten,

Dienstag 16 Apr. 2013 18.13

Vorbereitung auf den Ernstfall:
KfW-Bank spielt Zusammenbruch der Euro-Zone durch

€uro, DM - Die Diskussion der "Fachleute" ..Wer das kommentiert, sollte zumindest auf einer Handelsschule das 1x1 wirtschaftlicher Zusammenhänge erlernt haben. Die Professoren Lucke und Hankel vertreten da schon unterschiedliche Auffassungen. Fakt ist, dass die Wiedereinführung der DM zu einer gewaltigen Aufwertung führt, mit allen Nachteilen für unsere Exportpreise, dem Rückgang des Exports (Deutschland wird zu teuer) und der Konsequenz 'Abbau von Arbeitsplätzen' damit die Kosten gesenkt werden. Das ist dann die Alternative für Deutschland. Vom Rückschritt in Sachen Europa gar nicht zu reden. Mir ist wichtig, dass wir nicht auf Ideologie und ‚Pseudo-Klug' machen, sondern nach vorn schauen. EUROPA - JA / €URO JA - nur nicht mit der Schuldenhaftung für Länder mit verfehlter Politik. Europa muss im Wettbewerb bleiben, um stark zu sein.

Mittwoch 17 Apr. 2013 14.11

Hohe Staatsschulden:
Droht auch Deutschlands Sparern die Zwangsabgabe?

Ich kann mir hier zwar einen "Wolf" schreiben, aber nützt es was?? Ich weiß schon lange, dass wir Richtung Überwachungsstaat unterwegs sind. "1984" (Orwell) wird mit dem Aufkauf von Steuer-CDs staatliche Hehlerei zu. Die Länder- Finanzminister Borjans und Kuhl nehmen Millionen aus der Kasse und zahlen kriminelle Diebe. "Der Zweck heiligt die Mittel", steht in keinem Gesetzbuch. Im Vertrag von Lissabon steht aber klar und deutlich, dass die Unterzeichner-Länder nicht in die Schuldenhaftung treten - Ausnahme "Fälle höherer Gewalt". Die Schuldenhaftung wird zur Rechtsbeugung! Das Bankgeheimnis muss bestehen bleiben - für ALLE. Steuerpflicht gilt auch für ALLE, darum muss sich der Staat kümmern unter Wahrung der Rechte.

SCHUFA, Creditreform, Auskunfteien, Privatdetektive, staatliche Schnüffler – der Überwachung wird niemand mehr Grenzen setzen. Traurig – aber wahr ! Nur die Blauäugigen jammern noch.

Donnerstag 18 Apr. 2013 12.30

Große Mehrheit für Rettungspaket:
Bundestag beschließt Hilfen von zehn Milliarden Euro für
Zypern

Gehen Sie mal zu Ihrer Bank und beantragen 1.000 € Darlehen. Das gelingt nur bei ausgezeichneter Bonität und so viel Sicherheiten, dass sie eigentlich gar kein Geld benötigen. Die europäischen Schuldenländer kommen unter den Rettungsschirm selbst bei lausigen Bonitäten. Die Chancen, dass die horrenden Kreditsummen je zurück bezahlt werden, sind gegen Null. Für die "Schuldenhafter" kommt also "Das Dicke Ende", mit Glück erst in 10 - 20 Jahren, aber das ist für die meisten Abgeordneten nach der Devise "Nach mir die Sintflut...". Der €uro wird als Gemeinschaftswährung dauerhaft stabil, wenn es von Fall zu Fall auch die Rückkehr alter Währungen als Zweitwährung geben darf.

Freitag 19 Apr. 2013 11.31

„Viele sind noch nicht so weit":
Altmaier: Ländern denken bei der Energiewende nur an sich

Guten Tag, Herr Altmeier, die so genannte "Energiewende", für die Sie arbeiten und den Kopf hinhalten müssen, wurde durch die populistische und spontane Abschalt-Orgie der Kanzlerin eingeläutet. Tsunami und ein zerstörerisches Erdbeben, gepaart mit Schlamperei in Japan, waren der Anlass. Weder das eine noch das andere sind bei uns Realität. Dass sich unsere Energieversorgung weiter entwickelt, ist von einem Land wie Deutschland zu erwarten. Modernste Technik ist die Basis - Ideologie ist dabei kein Ratgeber. Rationale Kurzfassung / ENERGIEMIX aller bekannten und noch kommenden Techniken. Kurze Kabelwege zum Verbraucher. Das schließt den nicht zu ende gedachten Geld vernichtenden Quatsch von Windanlagen auf hoher See aus. Die Energiekompetenz kann nur beim Bund liegen und nicht bei der Länderbürokratie.

Freitag 19 Apr. 2013 11.50

NSU-Prozess: Gericht vergibt Plätze nun im Losverfahren

Glückwunsch, Landgericht München -.geht doch. Und trotzdem: Den Ärger hätten Sie Deutschland und sich selbst ersparen können und müssen. Tip für die Zukunft: Rechtsprechung und richten ist die eine Sache, bei Organisation einer Großveranstaltung sind Fachleute zu fragen. Mit Gutachtern sind Gerichte doch sonst auch schnell bei der Hand. OK - gelernt, Fehler gemacht und korrigiert. Ich wünsche Ihnen eine gute Hand und viel Verstand beim anstehenden Verfahren.

Freitag 19 Apr. 2013 12.08

**Immer mehr „Spitzenverdiener":
Warum Steinbrücks Steuerpläne die Mittelschicht treffen**

Eine florierende Wirtschaft ist die Basis für eine SOZIALE MARKTWIRTSCHAFT. Dem dürfen der Staat und seine Bürokratie nicht im Wege stehen und tut es trotzdem. Über 72.000 Steuer-Verordnungen und -Gesetze sind die Wurzel des Übels. Und dann greift "Vater Staat" vertreten durch die Landesminister Borjans und Dr.Kuhl zu kriminellen Mitteln (Hehlerei), um andere Kriminelle (Steuerhinterzieher) zu jagen. Das eine und das andere ist gesetzlich verboten - der Staat schafft sich Sonderrecht und liefert ein schlechtes Vorbild. Holzt endlich den Steuerdschungel ab (fördert lieber den Regenwald). Nehmt der Steuerberatungsbranche die Grundlage. "Steuerberater zu Anlageberatern". Macht ein Steuerkonzept, das jeder begreift: Einfach und gerechter. Es bereits nach zu lesen....

Freitag 19 Apr. 2013 17.01

Streit um Reparationen:
Athen beharrt auf Entschädigung für Nazi-Zeit

Tolle Idee der Griechen Nach dem Verursacher-Prinzip ist die PDE gerade dabei, die noch lebenden Jahrgänge ab 1912 und davor zu ermitteln, die Hitler durch Wahl an die Macht gebracht haben und NSDAP-Mitglied waren. Ich - Jhrg.1939 war bei Kriegsende 6 Jahre alt, komme also höchstens noch unter Sippenhaftung in Frage. In Sachen Vergangenheit wird auch geprüft, ob Deutschland noch Forderungen an Frankreich hat, durch die Kriege des Herrn Napoleon.

Man muss eben nicht alles ernst nehmen, was Politiker sich ausdenken.

Samstag 20 Apr. 2013 12.46

Ermittlungspanne in den USA?:
FBI hatte Verdächtigen von Boston schon 2011 im Visier

Geheimdienste: Ein schwieriges "Geschäft" - Deutschland hat bedauerlicherweise seine Erfahrungen. Die Welt ist voller Idioten und Gewalttätern. Das war schon immer so. Deutlicher ist es nur geworden dank der Presse- und Medienarbeit. In den Geheimdiensten arbeiten auch nur Menschen und die neigen, wie wir alle, zu Fehlern. Traurig - aber wahr und nicht abzuschaffen!

Samstag 20 Apr. 2013 13.04

FOCUS-Leserdebatte:
Würden Sie die Euro-Rebellen in den Bundestag wählen?

Klare Überzeugung: AfD ist Rückschritt - Bei mir erzeugt sie das Gruseln. Uninformierte, Scheuklappen-Intellektuelle und "Bauchgefühl-Gesteuerte" folgen, frei nach "Rattenfänger von Hameln" oder dem Prinzip der Lemminge einer unausgegorenen Idee, zurück in die Vergangenheit. AfD ist eine Alternative für Deutschland - richtig, die heißt aber, dass unsere Wirtschaft geschädigt wird und in Folge die Arbeitslosigkeit steigt - damit leistet Wirtschaftsprofessor Lucke seiner Branche einen Bärendienst. Wer, wie ich, das Programm der PDE genau kennt, weiß, dass sie eintritt für ein modernes Deutschland in Europa mit Blick auf die Welt. Das ist die wahre Alternative für Deutschland.

Samstag 20 Apr. 2013 15.31

Überraschung in Rom:
Italiens Präsident Napolitano kandidiert für zweite Amtszeit

Die Kandidaturmacht Älteren Mut.
Danke,Signore Napolitano (87).

Wer in diesem Alter noch geistig fit ist, soll sich nicht in die Ecke setzen. Erfahrung wird gebraucht. Ganz persönlich ziehe ich aus Ihrer Kandidatur Mut und Kraft. Ich bin erst 73 und möchte noch viel politisch bewegen und verändern. Es gibt nur ein Problem: In Deutschland werden Ältere nicht mehr so ganz ernst genommen, zumindest von den Medien.... Ich lasse mich nicht frustrieren.

Sonntag 21 Apr. 2013 11.30

Memo des FOCUS-Chefredakteurs:
Die schlichten Botschaften der Euro-Rebellen

Guten Tag, Jörg Quoos...Bei 800 Zeichen geht es nur unvollständig, stichwortartig... FOCUS ist der bessere SPIEGEL. Die AfD ist eine Alternative, aber eine höchst gefährliche für Deutschland in Europa. Mit Prof. Lucke ist ein Cheftheoretiker am Werk, der noch nie eine Firma verantwortlich und haftend geführt hat und somit nicht real weiß, wie Mitarbeiter zu bezahlen sind. Ich habe bei FOCUS ONLINE schon häufig festgestellt - EU und €uro JA, aber nicht wie gehabt. Wir sind gegen Schuldenhaftung und sind für eine Zweitwährung neben dem € wenn erforderlich. Und noch ein Wort zu Uli Hoeneß: Der Mann hat sicher schon Millionen an Steuern bezahlt und damit mehr in die Gemeinschaft eingebracht, als viele seiner Neider. Das Problem heißt: über 72.000 Vorschriften/Steuerberater...

Noch 5 Monate bis zur Bundestagswahl und dann entscheiden wieder Kluge, Normal-Gebildete, Super-Schlaue, Idioten und Deppen – eine kuriose Mischung – unser Land eben ....

Montag 22 Apr. 2013 12.10

**Kommentar des FOCUS-Magazin-Chefredakteurs:
Uli Hoeneß hat es in der Hand**

Fairer geht es nicht, Herr Quoos...Da mich die Geschichte ebenfalls betroffen macht und ich sogar eingeschränkt Verständnis für Uli Hoeneß und das "verstecken" von Millionen aufbringe, habe ich sowohl Ihren gestrigen 'Jauch-Auftritt' als auch jetzt Ihren Kommentar als bestes Beispiel für fairen Journalismus verstanden !! Wer hat Herrn Hoeneß diese Handlungsweise empfohlen? Dahinter steckt doch sicher wieder die Steuerberatungsbranche, die sehr gut von unseren über 72.000 Vorschriften- und Steuergesetzen lebt. Dass dann bei "Jauch" ausgerechnet der Finanzminister Borjans sich empören durfte und niemand ihn auf das Hehlertum "Aufkauf von gestohlenen CDs" ansprach, hat mich schon verwundert. Fakt ist leider, dass der Staat ungestraft Steuermillionen verschwendet und sich der Veruntreuung schuldig macht....

Montag 22 Apr. 2013 12.38

Ärger mit dem Erbe:
Wer sein Erbe zu früh verschenkt, sitzt schnell in der Falle

Erbe und "Falle".... SOS/Mayday !! - ...dieser hervorragende Artikel von Melanie Rubartsch belegt einmal mehr, wie sich ein Staat entwickelt, der vom Öffentlichen Dienst und von Juristen in Regierung und Opposition dominiert wird. Das muss wieder vom Kopf auf die Füße gestellt werden. Durch das lesen des Artikels steigt die Verwirrung. Es wird nur deutlich, dass selbst das Privateste, vererben und erben, nicht mehr ohne Anwalt passieren kann. Die "Monster-Krake" Bürokratie mordet weiter vor sich hin, gefüttert durch die Gesetzgebung des Deutschen Bundestages, gepflegt von Juristen. Dieser, kaum noch verzichtbare, Berufsstand ist Synonym für die Kompliziertheit unserer Gesellschaft. .

Dienstag 23 Apr. 2013 11.17

TV-Kolumne: „Hart aber fair“: Die Empörungsgesellschaft
"Hart aber Fair" - Empörung - Ein Skandal ging unter.

Der **"Hehler-Täter", Finanzminister Dr. Carsten Kühl** (Rhld.-Pfalz) tat so, als hätte der Bundesgerichtshof je expressis verbis den Aufkauf geklauter Steuer CDs gebilligt - hat er aber nicht. Er hat lediglich die Verwendung der bekannt gewordenen Daten gestattet. Der juristische Streit, ob der Datenklau im Sinne des Gesetzes überhaupt Diebstahl ist, weil Daten keine Sachen sind, ist müßig. Geistiger Diebstahl ist auch kein Diebstahl von Sachen. Wie dehnbar und unverständlich ist unser Recht von Juristen "konstruiert" worden (ist das Absicht???). Uli Hoeneß steht exemplarisch für die Ungereimtheiten "staatlichen Rechts". Höhepunkt des Abends der Bezug zur Schwarzarbeit "Sind sehr viele nicht kleine Uli Hs...?" Deutschland auf dem Weg in den Überwachungsstaat?!

Donnerstag 25 Apr. 2013 15.47

SPD-Vorstoß gescheitert:
Bundestag stellt keinen NPD-Verbotsantrag

NPD-Verbot: Kluge Entscheidung des Bundestages - Für national-
sozialistisches Gedankengut und Rechtsradikalismus darf kein Platz
in unserem Land sein! Dem müssen wir unsere volle Aufmerksam-
keit widmen. Eine verbotene NPD wird im Untergrund verschwinden.
Dort ist ihre Beobachtung schwer. Wir müssen die NPD und "Neu-
Nazis" politisch bekämpfen und jeder Zeit deutlich machen, dass
diese Personen unser Land in Europa und der Welt in vieler Hinsicht
gefährden. Der Spagat: Auch Sozialisten ohne den Zusatz "national"
gehören zu denen, die nichts Gutes im Sinn haben. Linke und Rechte sollten endlich aus der Geschichte lernen...

Donnerstag 25 Apr. 2013 16.04

Neue Mehrheit im Bundesrat –
8,50 Euro Mindestlohn beschlossen

8, 50 € ist Populismus pur ..Wenn eine Familie keine Doppelverdie-
ner hat, wird sie weder mit 8,50 € noch mit 10 € leben können, zumindest nicht mit den vorhandenen Abgabe-Regeln. Wer sich mit
dem Programm der PDE beschäftigt, wird schnell feststellen, dass
die Wurzel des Übels beim falschen System liegt, egal ob schwarz-
gelb oder rot-grün. Die Linke sollte mal ein paar Leute zur Handelsschule schicken. Soziale Marktwirtschaft: Wenn die Wirtschaft floriert, kann sie auch sozial sein. Arbeitgeber und Arbeitnehmer müssen das Geld verdienen, das der Staat dann verteilen darf. Wer ein
Einkommen von 1.200 € (Single) oder 1.500 € (Haushalt) nicht erreicht, wird aufgestockt. Das ist keine Schande. Wir müssen raus
aus dem Polit-Trott!

Freitag 26 Apr. 2013 11.33

Steuer-Affäre Uli Hoeneß/Finanzhof:
In Deutschland wird zu schnell durchsucht

Der Aufkauf von Steuer-CDs , ist das eigentliche Problem. Der Staat "macht einen auf Moral" und gemeinsame Sache mit Dieben, nichts anderes ist der Kauf geklauter Bankdaten. (§ 259 StGB). Populisten ereifern sich ausgerechnet über Uli Hoeneß. oK - juristisch hat er Steuerhinterziehung begangen (§ 370 Abgabenordnung) . Aber diese Vorverurteilungs-Aufregung geht am Spezialfall Hoeneß zu weit. Der Mann hat sich im Laufe der Jahre mit Zig-Millionen am Gemeinwohl beteiligt. - Was ist eigentlich mit der staatlichen Steuerverschwendung - das ist ein weites Kapitel. Wir versinken in einem Berg von Paragraphen, Vorschriften, Gesetzen. Der Satz "Unwissenheit schützt vor Strafe nicht" wird 'ad absurdum' geführt. Bei den über 72.000 Vorschriften und Gesetzen allein im Steuerwesen, geraten schon Experten 'in's Schleudern...

Von Herrn Professor Kirchhof weiß ich, dass er seine Steuererklärung nur mit „nach bestem Wissen und Gewissen" unterschreibt. – Unzählige Fachanwälte bemühen sich um Detailkenntnisse. Auf meine Frage an den Chef des FA 1 von Dresden, vor Jahren, ob er all die in dicken Wälzern genannten Verordnungen und Gesetze kennt, antwortete er entwaffnend ehrlich „Wie sollte ich" ... Der Mann war mir sympathisch,

Freitag 26 Apr. 2013 16.01

**Wahlprogramm in Arbeit: CDU verspricht:
Keine Steuererhöhungen**

Auch die CDU hat nichts begriffen. - Der Herr Generalsekretär Gröhe (CDU) ' verkauft ' Populistisches. Die CDU will Steuern nicht erhöhen...Soweit so gut. CSU und FDP sind sicher auch keine Steuererhöhungsparteien. Auch die SPD ist von ihrem genialen Konzept überzeugt, Grüne ebenso - nur eines ist bei Rot/Grün klar: Mit denen geht's in Deutschland weiter aufwärts ...mit den Steuern. Die Umverteilung muss gerechter werden. Leider kennt das Steuerkonzept der PDE kaum jemand - es fehlt das dicke Werbebudget. Wer sich im Netz "schlau macht", wird schnell feststellen, dass hier eine Volkspartei im Verborgenen blüht. Totaler Umbau des Steuersystems incl.

Abwracken von über 72.000 Verordnungen u. Gesetzen, Umbau des Sozialstaats, ein besseres Europa u.v.m....

Freitag 26 Apr. 2013 16.17

Wahlprogramm der Partei:
Kretschmann warnt Grüne vor „unzumutbaren Belastungen"

MP Kretschmann, genialer Dialektiker ..- Was ist "unzumutbar". Der Freund des Mittelstandes "warnt" vor zu hohen Belastungen, gewisse Dinge sind "sehr problematisch"... und wenn's nicht reicht, "könnte man mit der Union".... Na, bravo - auch hier kein Wort zu einem Umbau der verkrusteten Handhabung von Politik - angerichtet von CDU/ CSU, SPD, FDP UND Grünen. Steuer- und Gesetzes-Dschungel, über 2 Billionen Staatsschulden. Da haben alle mitgewirkt, der eine mehr, der andere weniger. Das es uns trotzdem noch einigermaßen gut geht, verdanken wir kreativen Unternehmern und ihren Mitarbeitern.

Samstag 27 Apr. 2013 12.04

Zwei Rolex-Uhren nicht verzollt:
Ermittlungsverfahren gegen Bayern-Boss Rummenigge

2 x Rolex - jetzt wird's klein kariert. - und trägt BILD-hafte Züge. Dienen Prominente nur noch als Werbefiguren, um den Verkauf anzukurbeln? Aufmachen mit Hoeneß & Co. steigert die Auflage. Vielleicht kommt demnächst ein Anwalt auf die Idee, Werbe-Honorare einzufordern.... Unsere Print- und TV-Landschaft ist etwas, worauf man stolz sein kann. Sie sollte sich aber zu schade sein für „Pranger-Journalismus" und Befriedigung niedriger Gelüste wie Neid. Das schadet dem Ansehen, selbst wenn es die Auflage steigert.

Anmerkung der Redaktion:
Lieber User, danke für Ihren Kommentar. Der Nachrichtenwert eines Ereignisses hängt von verschiedenen Faktoren ab, die subjektiv unterschiedlich gesichtet werden. Dazu gehören u.a. auch der Bekanntheitsgrad der betreffenden Person sowie der aktuelle Themen-

schwerpunkt in einer Gesellschaft. Derzeit findet in Deutschland eine große Debatte über Ehrlichkeit im Umgang mit Steuern und Finanzen statt. Die meisten unserer Leser – das zeigen die zahlreichen Kommentare auf unserer Seite – interessieren sich dafür; wir freuen uns, unseren Lesern zeitnah und kostenlos neue Entwicklungen aufzuzeigen. Danke für Ihr Verständnis!

Der vorstehende Kommentar wurde von einer so genannten ‚Netiquette' von Focus abgelehnt. Warum, weiß ich bis heute nicht. Netiquette -Nett war das auf keinen Fall, eher hatte es was von Zensur

Montag 29 Apr. 2013 11.03

Kostet die Anti-Euro-Partei Angela Merkel den Wahlsieg?:
Euro-Rebell Bernd Lucke:
„2020 könnten wir die D-Mark zurück haben"

Ein kleiner Zwerg gegen einen großen Zwerg. - Herr Professor, Doktor, Cheftheoretiker sitzen im Bundestag bereits genug. Wenn Sie auf eine Frage des FOCUS antworten mit "Ich glaube...", stelle ich schlicht fest: "Glaube gehört in die Kirche", glaube ich. Nehmen wir mal an, dass Sie genügend Wähler finden, nehmen wir mal an, dass Sie in Regierungsverantwortung kommen: Was geschieht, wenn Ihr Experiment schief geht? Dann haben Sie eine Volkswirtschaft schwer beschädigt und das europäische Rad um Jahre zurück gedreht. Haftung/ Verantwortung ???

Zur Klärung: Mit dem ‚kleinen Zwerg' habe ich mich gemeint. Ach ja, Haftung – ein öffentlich-rechtlicher Professor Doktor zuckt bestenfalls mit den Schultern und murmelt „Tut mir leid – so hab' ich mir das nicht vorgestellt"

Mittwoch 01 Mai. 2013 11.28

OLG München räumt Fehler ein:
Gericht will einen Platz für NSU-Prozess neu verlosen

50 Presseplätze - Die Posse ist noch nicht vorbei - Das kommt dabei heraus, wenn Veranstaltungslaien versuchen Event-Manager zu spielen. Ein besseres Beispiel für Bürokratie und die 'Fehlbarkeit' von Gerichten, kann es nicht geben. Alles begann mit der übersehenen Zuteilung von Plätzen für türkische Presse.

Statt das geräuschlos zu erledigen, liefert das OLG München einen Beitrag zum Komödienstadl... Die NSU-Gräuel werden zur Nebensache.

Donnerstag 02 Mai. 2013 11.09

Bayern-Chef gibt Einblick ins Seelenleben:
Hoeneß zur Steuerhinterziehung:
„Da begann die Hölle für mich"

Uli Hoeneß wohnt immer noch in Deutschland. - Erinnern wir uns an sein Statement bei Günther Jauch. Dort hat er sinngemäß gesagt, dass die deutsche Steuerpolitik viele Reiche in die Schweiz verjagt... UND Herr Hoeneß wohnt immer noch am Tegernsee und zahlt Steuern in Millionenhöhe in Deutschland. Sein privates Zockerkonto war ein Fehler. Das hat er eingesehen und die Steuerschuld beglichen. Wenn nun Neider und Juristen versuchen, ihm daraus einen Strick zu drehen, halte ich das für perfide. Die Aufklärung durch FOCUS hat einen Stein ins Rollen gebracht: Es wird deutlich, dass das deutsche Steuersystem wenig regelt, aber dafür Vieles und Viele verwirrt. Bei über 72.000 Vorschriften und Gesetzen blicken selbst Experten kaum noch durch - der Steuerzahler schon lange nicht mehr.

Donnerstag 02 Mai. 2013 16.13

EZB Erste Senkung seit zehn Monaten:
senkt Leitzins auf Rekordtief von 0,5 Prozent

Wer sein Geld den Banken gibt, will ihnen vertrauen. Wenn jemand einen Kredit will, stößt er zunächst auf Misstrauen... Haben Sie nur eine gute Idee nützt das gar nichts. Eine Idee ist keine nachweisba-

re Zahl. Ich habe Beides in einem langen Leben schon erlebt. Bei unserem Zinssystem ist "Sand im Getriebe" - Banken denken zunächst an sich und ihre Aktionäre, das ist ja auch nicht ganz falsch. Aber die Vergabe von Krediten könnte die Wirtschaft und den privaten Verbrauch ankurbeln, wenn das Geld billig ist. Wer es für 0,5% von der EZB bezieht, kann es doch mit einem Aufschlag von 300% weitergeben ??? Wer für mindestens 15 Jahre 100.000,-- € anlegt, als Sparguthaben, Lebensversicherung oder sonst wie, sollte mindestens 5% für sein Vertrauen in das Geldinstitut erhalten.
Eine Bank ist doch nicht nur ein Selbstzweck?

Oder ???

Donnerstag 02 Mai. 2013 17.04

Massive Sicherheitsbedenken: Neues Atomkraftwerk in Nordkorea – Experten fürchten Super-GAU

Die Nordkorea Atom-Sorgen sind berechtigt... nur darf mit dieser durchaus berechtigten Sorge, in Deutschland und Europa keine Anti-Atom-Stimmungsmache gefördert werden. Da ist schon genügend emotional aufgeladenes Halbwissen unterwegs. Deutschland ist nicht Japan und schon gar nicht Nordkorea!! Veraltete AKW müssen ohne Panik sukzessive abgeschaltet werden. Atomkraft und Wasserstoff sind Bestandteile der Natur. Bei deren Handhabung vertraue ich auf Fachingenieure und Fachwissenschaftler – NICHT AUF IDEOLOGEN (da drin steckt schon das Wort ‚logen/lügen'). . – Ich plädiere für einen ENERGIEMIX bei dem Atomkraft und Wasserstoff nicht aus emotionalen Gründen ausgeklammert sind. Der ENERGIEMIX im PDE-Programm wird für bezahlbaren Strom für Private UND die Wirtschaft sorgen. Das sind unsere Probleme und Sorgen.

Donnerstag 02 Mai. 2013 18.17

Prozess in München:
Bundestags-Juristen gegen NSU-Videoübertragung

Deutschland deine Juristen - ein Lustspiel in mehreren Akten. Das einzige Lustspiel was zugleich Tragödie ist - man lacht sich tot und wandelt die Bibel ab: "Herr vergib Ihnen, selbst wenn sie wissen, was sie tun ...." Um was geht es eigentlich? Liegt allem nicht ein Verbrechen von alten "Neu-Nazis" zu Grunde...??

Freitag 03 Mai. 2013 11.54

Neue CO2-Rekordwerte: Kohlendioxid-Anstieg könnte die Erde stärker verändern als gedacht

Zu recht sagt der Artikel "könnte" - Es gibt viele Klima - Wissenschaftler die darauf hinweisen, dass unser Klima von der Sonne abhängt. Fakt ist: Der CO2 Wert war zu früheren Zeiten weit höher, als der Mensch für's Heizen und Kochen Holz und Kohle verbrannte. Mich interessieren keine Meinungen. Ich halte mich zum Beispiel an Prof. Dr. Ewert und den rührigen Dr. Ufer. **Panikmache ist eine Mode-Erscheinung, die ich nicht mitmache.**

Montag 06 Mai. 2013 11.27

TV-Kolumne: „Günther Jauch":
Schafft die Schule ab? Vielleicht erst mal „Günther Jauch"

Lesen, Schreiben und Rechnen .Im Alter von 10 (1980) fragte mich mein Sohn: "Papa, was von dem was du in der Schule gelernt hast, hast du heute gebraucht?" Nach kurzer Verblüffung: Lesen, Schreiben, Rechnen, Englisch. In Deutsch und Englisch hatte ich eine "2". Beim Rechnen reichte es zu "Befriedigend". Mein Vater, ein selbständiger Handwerksmeister: "Abitur, so was braucht man nicht..! Ich habe den ersten Jahrgang im Gymnasium einmal wiederholt. Wir hatten in unserer Klasse einen durchgängigen "1er" und einen entsprechenden "5er". Der "1er" landete im Öffentlichen Dienst. Der "5", der nur Top war in Musik und Zeichnen, wurde ein Superverdiener in der Werbebranche. Ich lernte auf Geheiß meines Vaters Industriekaufmann. Ich bin ihm Heute noch dankbar; erst danach ging's zum Fernsehen   in die Produktion. Heute bin ich Rentner u. PDE - Gründer.

Montag 06 Mai. 2013 13.22

**„Horrorszenarien übertrieben":
Ifo-Chef Sinn hält deutschen Euro-Austritt für verkraftbar**

Etwas ähnliches, Herr Professor Sinn, finden Sie seit Mai 2012 schon bei PDE. In einem Punkt muss ich Ihnen unprofessoral geharnischt widersprechen: Ihre Verharmlosung des €uro-Austritts gießt Wasser auf die Mühlen des Kollegen Lucke. EU & € gehören zusammen. - Meine Freunde und ich plädieren seit Monaten für ein €uro-System, in dem für wirtschaftlich schwache Länder durchaus als Zweitwährung die alte Währung wieder eingeführt werden sollte. De facto ist aber Heute schon der €uro ein anerkanntes Zahlungsmittel in der EU auch bei den Nichtmitgliedern der €uro-Gruppe. Der wichtigste Aspekt geht fast unter: Die EU muss mit Englisch endlich eine Sprache sprechen. Die Nationalsprachen bleiben natürlich erhalten. **Wir reden zu oft aneinander vorbei...!**

Dienstag 07 Mai. 2013 12.03

**Anti-Korruptions-Kämpfer zum FC Bayern:
„Hoeneß hat hohes Verantwortungsbewusstsein"**

Dank für das Interview mit Andreas Pohlmann - Endlich mal etwas ohne emotionalen Blödsinn. Dass ausgerechnet ein Zig-Millionenfacher Steuerzahler mit Steuerhinterziehern der üblen Art in einen Topf geworfen wird, betrübt mich sehr. Herr Hoeneß wohnt, lebt und arbeitet in Deutschland - und das ist gut so.... Er ist kein Steuerflüchtling. Wir alle sollten ein Interesse daran haben, dass dies so bleibt. Bereut hat er seinen Zockerfehler längst, auch im Vertrauen auf die Wirkung der Selbstanzeige - ihm daraus jetzt einen Juristen-Strick zu drehen, ist unfair. Die Selbstgerechten und die Neider sollten sich auch ereifern über staatliche Doppelmoral bei Hehlerei und Veruntreuung von anvertrauten Steuergeldern. Hoeneß hat mit geliehenem Geld in der Schweiz erfolgreich gezockt. Was ist eigentlich mit den Gewinnen von Spielern...?

Nehmen wir mal an, Sie gehen in eine Spielbank und verzocken Geld. Nehmen wir mal an, Sie gewinnen viel..(auch im Lotto oder bei Günther Jauch) – Das alles ist steuerfrei! – Viel Spaß beim steuerfreien Nachdenken.

Dienstag 07 Mai. 2013 12.52

**Leitzins niedrig wie nie: Gefangen im Zinstief:
Wohin mit dem Ersparten?**

Gefangen im Zinstief...??? - Nein - wenn endlich mal neu nachgedacht wird. Das Zinstief ist eine große Chance für die Wirtschaft und die Privaten, wenn die Banken die Vorteile an die Kredit- und Darlehensnehmer fair weiterreichen. Wer sein Geld für 0,5% von der EZB bekommt, darf es nur mit einem Aufschlag von bis zu 300% weitergeben. Alles jenseits von 3% ist Wucherzins. Banken und Sparkassen haben primär die Interessen ihrer Aktionäre und Anteilseigner im Blickfeld und stellen sich gegen die Interessen ihrer Kunden. Besonders deutlich wird das bei Niedrigzinsen für Sparguthaben und Lebensversicherungen. Wer sein Geld langfristig einer Bank oder Sparkasse anvertraut, sollte belohnt und nicht bestraft werden. Untere Grenze sind 10 Jahres Anlagen. Der Zins- und Zinseszins-Effekt löst ab 5% ein Feuerwerk aus.

Ich bin ein Freund der freien Marktwirtschaft. Hin und wieder muss der Staat ,steuernd' eingreifen. Langfristige Zinsen von 5% (Lebensversicherungen, Sparguthaben) sollte er bei öffentlich-rechtlichen und genossenschaftlichen Instituten anordnen – die Bankexperten müssen das dann eben erwirtschaften. Das geht – man muss es nur wollen ...

Mittwoch 08 Mai. 2013 15.50

**Steuerboom:
Staat schafft ersten Haushaltsüberschuss seit 2007**

Dialektische Meisterleistung ...- Haushaltsüberschuss bei 22 Mrd. Neuverschuldung. Ab 2016 steht dann die "Schwarze Null". Das kriegen die schwarz-blau/gelben-rot-grünen - Finanzjongleure garantiert hin. Zur Not bleiben ja immer noch Steuererhöhungen. Toll.

Weiter vorn, habe ich an den Finanzminister der ersten Stunde erinnert – Fritz Schäffer – Der hat es doch trotz Wiederaufbau und Marshall-Plan tatsächlich hingekriegt, als bisher einziger Finanzminister Überschüsse als Finanzreserve anzuschaffen. Das war ein Mann!

Mittwoch 08 Mai. 2013 16.05

Erwartung bis 2017:
Schäuble fehlen 13 Milliarden Euro Steuereinnahmen

Steuereinnahmen legen weiter zu...dafür haben die Länder weniger. Das begreife wer will. Vielleicht haben wir zu viele Experten oder sind das schon die Auswirkungen des Schulsystems. Rechnen soll ja nicht jedermanns Sache sein. Vielleicht ist auch die Frauenquote nicht stimmig. - Spaß beiseite ... Solange der Steuerdschungel mit über 72.000 Regeln und Gesetzen nicht abgeholzt wird, wird sich kaum was ändern. Vielleicht sollten wir unsere Deutschland-Fahne verändern in SCHWARZ, BLAU, GELB, ROT, GRÜN so wären alle Farben vertreten, die diesen Murks zu verantworten haben. Die PDE liegt dann in irgendeiner Ecke und lacht sich tot. Eigentlich schade - aber ihre Wiederauferstehung ist unvermeidbar.

Freitag 10 Mai. 2013 12.12

TV-Kolumne: „Helene Fischer":
Model mit Melodien für Millionen

DSDS muss nicht weiter suchen ...Deutschland hat mit Helene Fischer einen echten SUPERSTAR mit Las Vegas- und Broadway-Qualität. Der ARD-Abend war schlicht ein Beweis dafür, dass eine Person einen ganzen Abend tragen kann. An der Erkenntnis "Über Geschmack lässt sich streiten", ändert sich nichts. Auch 'ZU DIR' von Herbert Grönemeyer ist mehr als bemerkenswert. Er tritt den Beweis an, dass Popmusic nicht nur Gedröhne sein muss.

Freitag 10 Mai. 2013 12.28

TV-Kolumne: „Hart aber fair": Vier gegen Lucke

Es gibt eine bessere Alternative:.Leider ist die aus bürokratischen Gründen diesmal noch nicht wählbar. Das ändert nichts am guten EU-Konzept der PDE. Für mich war bei „hart aber fair" Herr Professor Doktor Lucke ein weiterer Beweis für politisches „Herumgeeiere" . Nehmen wir mal an, der Herr Professor schafft es. Dann verstärkt er die parteiübergreifende Gruppe der Cheftheoretiker. Bleibt er unter 5%, verhindert er schwarz/gelb. Es lohnt sich über unser Wahlrecht nachzudenken....

Samstag 11 Mai. 2013 14.07

Kritik an Steuerplänen:
Empörter Trittin knöpft sich Wirtschaftsboss vor

Finanzminister Trittin: Mir wird Angst u. Bange..Trittins Werdegang (s.Wikipedia) macht deutlich, dass er Haftung und Verantwortung nur aus der Theorie kennt. Da vertraue ich mehr einem Wirtschaftsprofi wie dem DIHK-Chef und Unternehmer Eric Schweitzer, der weiß wo von er redet. Ich weiß nur, dass die Steuergelder dank guter Wirtschaftsdaten sprudeln. Wo das viele Geld verschwindet? Bei der ungebremsten Ausgabenpolitik und der Öffentlichen Verschwendung. - Übrigens - **Tolle neue MwSt-Idee von Grünen-Vorstand Cem Özdemir** - ein Beweis wie leicht populistisch vor sich hingeredet wird: Die Mehrwertsteuer wird vereinfacht - **der ermäßigte Satz gilt für alles, was man essen und trinken kann... endlich werden Kaviar und Champagner bezahlbarer** ... Meine Freunde und ich wissen, dass unser Steuersystem grundsätzlich umgebaut werden muss.

13.05.13 23:03 **Unser Krankenkassen-System ist krank**

(BPP) Der Bundesverband der Verbraucherzentralen und die Bertelsmannstiftung, drücken etwas aus, das Millionen Menschen auf dem Magen liegt, auf die Nerven geht und an die Nieren, die Galle überlaufen lässt und Kopfschmerzen verursacht: Das Krankenkassen - System ist überaltert, zu bürokratisch und dient mehr zum Geld verdienen, als der Gesundheit. Wenn man weiter liest, stellt man allerdings einen gefährlichen Weg fest, der zur Einheitskasse führt. Die noch zu kleine PDE bietet auch hier die bessere Alternative: Die gesetzlichen Krankenkassen reduzieren sich auf AOK + 2, höchstens 3 Institutionen. Das Unsummen verschlingende Monster der 144 gesetzlichen Kassen wird "getötet". Die privaten Kassen regelt der Markt.

Dienstag 14 Mai. 2013 11.30

14 Milliarden Euro Verlust:
„Vernichtung" des Vermögens deutscher Sparer

Zinsen und der Dschungel der Fachleute ...Dass die EZB Geld ausreicht für 0,5% ist gut, wenn das Bankensystem nicht daraus primär eigene Interessen verfolgen würde. Kredite / Darlehen dürfen nicht teurer werden als 3%. So ließen sich Firmengründungen erleichtern und/ oder Produktentwicklungen voran treiben. Auch der Konsument hätte Vorteile (Wohnungskauf / Hausbau). Die privaten Kredit- und Dispo-Zinsen sind derzeit üble Abzockerei. - Ein völliges Umdenken muss bei der Verzinsung langfristiger Anlagen erfolgen. Wer ein Sparkonto für mindestens 10 Jahre fest einem Geldinstitut anvertraut, muss sicher sein, dass er 5% erhält.

Eine Lebensversicherung mit einer Laufzeit von mindestens 15 Jahren muss ebenfalls mit 5% rechnen, wenn nicht die privaten Banken, dann die öffentlich-rechtlichen, die genossenschaftlichen oder die Bundesbank.

Den privaten Banken wird man in einer freien Marktwirtschaft wohl schlecht Vorschriften machen können. Sie sind Firmen wie jede andere auch. Selbst im Falle einer Pleite, bleiben sie eine ‚normale Firma' d.h. die rettet auch kein Staat. Jeder der dort sein Konto hat, muss das wissen.
Die öffentlich-rechtlichen und genossenschaftlichen Einrichtungen wickeln ebenfalls das klassische Bankgeschäft ab, mit der Ein-

schränkung: Spekulationsgeschäfte sind nur dann möglich, wenn der Kunde es ausdrücklich erlaubt, nachdem er vorher von dem Institut schriftlich über Risiken aufgeklärt wurde! In jedem Fall hat das öffentlich-rechtliche u. genossenschaftliche Institut mit seinem Eigenkapital dafür Sorge zu tragen, dass der Kunde sein eingezahltes/angelegtes Kapital zurück erhält – im begründeten Ausnahmefall auch ohne Zinsen.
Privatwirtschaftliche Institutionen - Die klassischen Banken national/international
Banken bzw. privatwirtschaftliche Einrichtungen betreiben im Rahmen ihrer Tätigkeit auch Geschäfte mit spekulativem Charakter; darauf muss der Kunde schriftlich hingewiesen werden und es bestätigen. Im Extremfall muss der Kunde mit dem Verlust seines angelegten Geldes rechnen. Die Eigenkapitalquote der Bank beträgt 10%.
Alle Bankeinrichtungen dienen den Kunden zur Versorgung mit Darlehen / Krediten. Gewinne aus allen Geldgeschäften werden einheitlich mit 30% versteuert.

Der Staat haftet nicht für Bankgeschäfte; das wäre Veruntreuung von Steuergeldern.

Dienstag 14 Mai. 2013 17.19

**Interview mit „Mr. Dax" Dirk Müller:
„Gegen Europa laufen seit 2008 gezielte Angriffe"**

Dirk Müller ist ein kluger Kopf...800 Zeichen reichen wieder mal nicht aus, für so ein komplexes Thema. Die PDE hat im Mai 2012 deutlich gemacht, dass neben dem €uro eine Zweitwährung für schwächelnde Länder erlaubt sein muss. Dirk Müller sagt zu recht, dass in den Nicht-Euro-Ländern der EU die Welt (Europa) nicht untergegangen ist. Mörderisch sind allerdings die Schuldenhaftung und das Spar-Diktat. Geld kann man nur ausgeben, wenn man welches hat. Sparen und Ausgeben sind also gar kein Gegensatz. Nur – der Schuldenabbau darf nicht zu kurzfristig erfolgen. Wenn die Gas- u. Ölvorräte tatsächlich unter Griechenland und Zypern liegen, sollten wir optimistisch in die Zukunft blicken – Energiewende schön und gut, das wird aber nur funktionieren bei sinnvoller Gestaltung; ohne lange Kabelwege (auch im Kopf...)

Donnerstag 16 Mai. 2013 12.17

**„Schon jetzt ausreichend Mittel":
Bürger und Wirtschaft lehnen grüne Steuerpläne ab**

Solidarität mit den reichen Abgeordneten .aha - ab 60/ 80 Tausend pro Jahr ist man also reich. Nach dieser Logik sitzen im Deutschen Bundestag nur Reiche - Ich habe es immer geahnt... somit bin ich Herrn 'hoffentlich-nie-Finanzminister' Jürgen Trittin sogar dankbar für die klaren Worte. Wenn er das durchhält und seine 13-15% Wähler ihn dabei unterstützen, wäre Deutschland ein gutes Stück weiter (auf dem Weg in den Staat der Cheftheoretiker). Die Damen und Herren Wähler werden das hoffentlich verhindern. Im gestrigen Wahlforum bei PHOENIX haben die Moderatoren Michaela Kolster und Stephan Detjen, den Herrn Steinmeier und Frau Künast schwer ins Schleudern gebracht. Die Schlussfrage nach der Möglichkeit von Rot/Rot/Grün löste Unbehagen aus. Herr Dr. Gysi saß lächelnd daneben. Steuer- u. Finanzexperten aller Länder vereinigt euch.

Nach dem 22.09.13 wissen wir mehr. Wenn es für Rot-Grün nicht reicht –ich nehme Wetten an- wird man in Gysis ausgestreckte Hand einschlagen und alle Schuld auf die Damen und Herren Wähler schieben. Selbst Nichtwähler sind in der Verantwortung!

Donnerstag 16 Mai. 2013 12.34

**Kein „Mohr", kein Tempo, kein Rauch:
Die Tugend-Tyrannen erobern Deutschland**

Ein neuer Ministerposten für Martina Fietz - Sollte es in einiger Zeit mit der Regierungsverantwortung klappen, würde PDE ein neues Ministeramt einführen: **MfAGM** - Minister für Angelegenheiten des gesunden Menschenverstands. Der Posten ist allerdings jetzt schon vergeben (siehe oben). Bis dahin lese ich gern weiter, kluge und abgeklärte Kommentare

Donnerstag 16 Mai. 2013 13.11

Bis zu 330 Milliarden Euro zu verteilen:
Jeder dritte Deutsche will seine Angehörigen enterben

Ver- / Erben darf nicht zur Automatik verkommen! Vererben darf nicht automatisch dazu führen, dass Kinder Reichtum erhalten, ohne je einen Finger krumm gemacht zu haben. Wer am Wohlstand der Eltern nicht aktiv mitgearbeitet hat, darf nicht davon ausgehen, dass ihm der Besitz der Eltern komplett zusteht. Diese "Einzelheiten" regelt ein Testament. Das sogenannte Pflichtteil darf es nicht länger geben. Wenn Kinder ein 'gestörtes Verhältnis' zu ihren Eltern haben, können sie nicht davon ausgehen, dass das auch noch belohnt wird. Die Lebensweisheit: "Jeder ist seines Glückes Schmied" sagt fast schon alles. Wenn im Todesfall kein Testament existiert, wird das Erbe unter den Berechtigten zu gleichen Teilen aufgeteilt. Sachwerte werden in so einem Fall verkauft.
Letzte Lösung: Es erbt das DRK.

Donnerstag 16 Mai. 2013 16.42

Der vierte Tag im NSU-Prozess im Protokoll:
Streit um Akteneinsicht:
Nebenkläger führt Zschäpe-Verteidiger vor

Ich bin mittlerweile genervt...
jeder blamiert sich so gut er kann, Gericht und Anwälte eingeschlossen. Mir tun die Betroffenen leid, die diese Posse miterleben müssen. Mich interessiert erst wieder das Urteil und seine Begründung – bis dahin habe ich mich innerlich verabschiedet.

Freitag 17 Mai. 2013 15.06

Thewes (Focus) rechnet ab:
„Gipfelkratie": Der fatale Hang zum Zentralismus

94

Thewes rechnet ab - Ich ergänze...Die Vereinigten Staaten von Europa sind mehr als eine Zukunftsvision: Ein Präsident, eine Außenpolitik, eine Europa-Armee, Bürokratie freie Anerkennung von Berufen, Englisch als verbindende Sprache neben den Landessprachen. Sicher gibt es da noch Einiges mehr. ABER die Mitgliedsländer müssen noch lange im wirtschaftlichen Wettbewerb bleiben. Jeder haftet für seine Fehler. - Der €uro muss als etwas Verbindendes wahrgenommen werden. Schwächelnde Länder - und das sagt die PDE seit Mai 2012 - können als Zweitwährung ihre alte Währung wieder einführen. Da gleicht sich vieles über den Preis aus. Auch in Deutschland gibt es Gegenden mit niedrigem und hohem Preisniveau. - Die 'Zentralregierung' für Deutschland steht auf einem anderen Blatt: Sind 16 Landesregierungen noch sinnvoll??

19.05.2013

"Wer den Pfennig nicht ehrt, ist des Talers nicht wert" – und Fracking verursacht "Fracksausen"....

Dass diese Weisheiten unserer Groß- und Urgroßeltern wieder hoch aktuell sind, verdanken wir einer EU-Commission, die nicht begriffen hat, dass Geld durchaus auch einen Symbolwert darstellt. Was ist mit den vielen Aktionen zu Gunsten wohltätiger Zwecke, die davon leben, dass man an einer Kasse sich leicht mal eben von kleinen Münzen trennt. Das Sparschwein lebt auch von kleinen Münzen. Die EU-"Experten" kennen dann auch nicht den Spruch "Kleinvieh macht auch Mist" – oder rechnen sich die Damen und Herren der Commission schon zum "Kleinvieh", dann wäre wohl klar, warum soviel "Mist" aus Brüssel kommt...!

Und noch ein Wort zur "Wunderwaffe gegen den Ölmangel" - FRACKING. Auch bei dem Thema kann man 'Fracksausen' bekommen, aber den Begriff kennt auch kein Europäer.

Ohne studierter Wissenschaftler zu sein, kann sich jeder gut vorstellen, dass Chemie und Grundwasser nicht zusammen passen. Und trotzdem: In der Sache "Fracking" steckt vielleicht sogar eine Chance. Die sollte man aber erst in den Weiten von Kanada und den USA viele Jahre testen. Außer in Zentral-Frankreich, gibt es kaum große dünn besiedelte Gebiete in Europa - und: Frankreich hat FRACKING verboten. Unterm Strich: Die Vereinigten Staaten von Europa haben noch ein lange Weiterentwicklung vor sich.

Die EU und der €uro stehen für Zukunft. Die PDE plädiert aber dafür, dass die Mitgliedsländer noch für eine lange Zeit im wirtschaftlichen Wettbewerb bleiben; eine Zweitwährung für schwächelnde Mitglieder eingeschlossen. EU & €uro JA, aber keine Haftung für politische Fehler der Nachbarn. Schulden sind eine höchst persönliche Angelegenheit - haften Sie für die Schulden Ihrer Nachbarn??

Dienstag 21 Mai. 2013 10.49

Höhere Abgaben:
Der seltsame Linksdrall in der deutschen Politik

Juristen u. Öffentlicher Dienst bestimmen den Kurs - Gut 6% der Arbeitenden Bevölkerung gehören diesen Berufsgruppen an. Mit über 60% dominieren sie quer durch alle Fraktionen den Deutschen Bundestag. Solange die Wirtschaft sich nicht 'bequemt' aktiv in die Politik einzugreifen und in 299 Wahlkreisen Kandidaten aufstellt, werden Haftung und Verantwortung "Fremdwörter" sein. Im Moment ist die hohe Zeit der ‚Moral – Ereiferer'. Der Global Hawk - Skandal kommt doch SPD und Grünen wie gerufen. Er lenkt ab vom eigenen Verschwenden bei Nürburg-Ring, BER und vielen anderen 'Investitionen' (s. Bund Deutscher Steuerzahler).
Waren es nicht Verteidigungsminister Scharping (SPD) und später die ‚Große Koalition' die das ‚Drohnen-Theater' eingerührt haben?? Wozu braucht man das Ding im kleinen Deutschland überhaupt, zumal eine zukünftige EU-Armee vielleicht andere Prioritäten setzt?!

Dienstag 21 Mai. 2013 12.17

Höhere Abgaben:
Der seltsame Linksdrall in der deutschen Politik

Merz & Kirchhof zeigen wie es gehen könnte ..Auch auf die Gefahr, dass es langweilt... Es gibt zurzeit nur eine, leider viel zu kleine, politische Gruppierung PDE Politik für Deutschland in Europa, die sich in der Präambel bei den genannten Herren für ihre Überlegungen bedankt. Der "Bierdeckel" von Friedrich Friedrich Merz und die steuerliche Vereinfachung nach Professor Kirchhof, zeigen die einzige Richtung - ganz ohne Linksdrall. Politik und hier speziell Wirtschaft und Finanzen müssen nicht rot und/oder grün dominiert sein. Fachwissen und gesunder Menschenverstand reichen völlig aus. Auch das ist kein Feld für Ideologen.

Dienstag 21 Mai. 2013 18.57

Bürgerversicherung weder sozial noch solidarisch: Die rotgrünen Gesundheitspläne werden für viele ganz schön teuer

Bürgerversicherung: Eine gute Idee, wenn sich der Bürger gegen die Folgen der Politik versichern könnte. Auch eine gute Idee, wenn sich die Politiker gegen die Folgen ihrer Politik versichern und der Bürger nicht permanent den millionenfachen Verschwendungen hilflos zusehen muss.. Es reicht doch schon, wenn die Gesetzlichen Krankenkassen bei sich selbst anfangen. 144 Gesetzliche KV werden zu AOK + 2. Das kostet zwar Jobs bei den Kassen, nützt aber den Kranken. Im PDE-Infoportal wird das genauer erklärt.

Die Gesetzlichen müssen zu echten Krankenkassen werden. Sozialbeiträge müssen ALLE zahlen. Wer dann zusätzlich noch meint, er müsse sich privat versichern, kann das ja tun.

Mittwoch 22 Mai. 2013 12.38

**Ex-Daimler-Chef über die Zukunft der Euro-Zone:
„Ohne Europa geht Deutschland in der Welt unter"**

Edzard Reuter - Gute Fragen - sehr gute Antworten - Der Blick auf einen Globus oder auf eine Weltkarte rückt die Größenverhältnisse grade. Ohne Europa verlieren wir zwangsläufig an Bedeutung.(So besehen, kann ich über die "Wirtschaftsweise" Ira Lester auch nur den Kopf schütteln.) Die Vereinigten Staaten von Europa mit einer Währung sind das Ziel für die Zukunft. Dass eine Währung in einem großen Land unterschiedliche Werte hat, ist normal. Auch im DM-Deutschland waren die Lebensverhältnisse unterschiedlich. Auch im €uro-Land lebt es sich in manchen Gegenden teuer und in anderen billig. Und trotzdem: Im Spezial-Fall EU werden wir wohl nicht drum herum kommen, einem schwächelnden Mitglied wie Griechenland, die Drachme als Zweitwährung zurückzugeben. DM in Deutschland ist Unsinn pur.

Den nationalen ‚Klugscheißern' ins Gebetbuch: China, Russland, Indien, Südafrika, Brasilien und immer noch Kanada und die USA, sind die Länder mit denen wir uns messen müssen – da haben es die EU und irgendwann auch…
Die Vereinigten Staaten von Europa VSE, schon schwer genug.

Mittwoch 22 Mai. 2013 13.28

Umstrittene Aussagen zur Familie: „Drei, vier Kinder" –
SPD und Grüne wüten gegen Kardinal Meisner

Kinderkriegen - Sturm im Wasserglas - Wer beim Stichwort 'Kinder' rot, grün oder schwarz argumentiert, hat nicht begriffen, dass Kinder aus Liebe gezeugt werden (leider gibt es bedauerliche Ausnahmen). Traurig ist allerdings, dass wir in Deutschland das Kinderkriegen zum Politikum machen. Der Staat darf sich nicht noch weiter in unser Privatestes einmischen. Kinder sind Freude, bedeuten Zukunft. Dem darf sich keiner entgegenstellen. Ein Kindergeld unterstützt Eltern bis zum Gesamtverdienst von 60.000,-- € p.a.. Einen Spruch vergesse ich nie. **Ein ehemaligen Millionär-Freund, der unser Lieblingslokal mit den Worten betrat: "Dany, eine Runde Champagner - heute wurde das Kindergeld überwiesen..."**
Unterstützung durch den Staat darf nicht in Gleichmacherei ausarten - auch wenn dafür das Grundgesetz geändert werden muss.

Mittwoch 22 Mai. 2013 18.53

Höchstens 12,80 Euro mehr im Monat: So mickrig fiele die Steuerentlastung bei SPD, Grünen und Linkspartei aus

Ich mach's kurz ...Steuererhöhungen lösen keine Probleme. Der Steuerumbau ist sinnvoller und löst Probleme.. Die staatliche "Veruntreuung" von Steuer-Milliarden: Teil des Problems. Der Moloch Staat ist zu gefräßig und macht Bedürftige zum Problemfall. Gerät der Wirtschaftsmotor ins Stottern, haben alle ein Problem. - Der Staat hat so viele Steuermilliarden wie noch nie!!!! Er muss sie nur sinnvoll ausgeben!!!!!!!

Donnerstag 23 Mai. 2013 12.42

Elektronische Steuererklärung:
Steuerzahler aufgepasst: Das Finanzamt macht Fehler

Logisch - macht das Finanzamt Fehler.- Nicht mal Finanzbeamte überblicken das Chaos von über 72000 Vorschriften und Gesetzen, die ihnen die Politik in Jahrzehnten eingebrockt hat. Unsere "moderne Zwei-Klassen-Gesellschaft" teilt sich auf in die, die sich einen Steuerberater leisten können und die, die zahlen müssen ohne "Fluchtmöglichkeit". Wobei auch Steuerberater und Fachanwälte nicht immer der Stein des Weisen sind. Eigentlich ist die Sache pervers. Der Staat schafft Gesetze, für deren "Bewältigung" der Bürger einen Fachanwalt oder Berater beschäftigen muss. Solange dieser Augius-Stall nicht gründlich ausgemistet wird, darf weiter über Entbürokratisierung gefaselt werden. Ändert endlich das Steuersystem, selbst auf "die Gefahr", dass Pfründe verloren gehen. Wer bei PDE-Infoportal reinguckt, wird nachdenklich.

Freitag 24 Mai. 2013 14.37

Wertvoller Rohstoff: Deutschland einig Rapsland:
Das Geschäft mit dem gelben Gold

Ob das alles, gut, schlecht oder richtig ist, will ich nicht beurteilen. Ich weiß nur eins: Die Deutsche Landwirtschaft kann nicht über die EU dirigiert werden. Die Mitgliedsländer der EU müssen noch auf Jahrzehnte im wirtschaftlichen Wettbewerb bleiben. Das EU-Parlament muss zum Parlament der Delegierten werden. Die einzige Wahl die überfällig ist, ist die Wahl zum EU-Präsidenten, der zugleich der Außenminister der EU ist. Wenn dann das EU-Parlament dafür sorgt, dass die nationalen Armeen durch eine EU-Armee der 500 Tausend ersetzt wird mit einem Verteidigungsminis-ter, wir endlich mit englisch eine gemeinsame Sprache neben der eigenen Landessprache bekommen und der €uro die verbindende Währung ist (mit der Möglichkeit von Zweitwährungen ohne Schul-denhaftung) - dann hat die EU viel zu tun, ohne sich mit Bürokratie zu verzetteln.

„Die Kassen sind toll – Uhhuhu"
(Frei nach Hallervorden / Feddersens „Die Wanne ist voll...")

(BPP) Der Bundesverband der Verbraucherzentralen und die Ber-telsmannstiftung, drücken etwas aus, das Millionen Menschen auf dem Magen liegt, an die Nieren geht, die Galle überlaufen lässt und Kopfschmerzen verursacht: Das Krankenkassen - System ist überal-tert, zu bürokratisch und dient mehr zum Geld verdienen (bei den Kassen), als der Gesundheit. Wenn man weiter liest, stellt man al-lerdings einen gefährlichen Weg fest, der zur Einheitskasse führt. Auch hier gibt es eine bessere Alternative:

Die gesetzlichen Krankenkassen reduzieren sich auf AOK + 2, höchstens 3 Institutionen. Das Unsummen verschlingende Monster der 144 gesetzlichen Kassen wird "getötet". Die privaten Kassen regelt der Markt.

Freitag 24 Mai. 2013 16.00

Horrende Einbußen für Kunden -Tausende Euro in Gefahr:
Lebensversicherer streichen den Schluss-Bonus

Lebensversicherungen – GROSSALARM - Der Gesetzgeber ist gefordert. Renten und Pensionen rütteln an den Fundamenten unserer Zukunft. Die EZB vergibt Geld für 0,5% - Kredite und Darlehen, die die Wirtschaft ankurbeln, dürften nicht teurer sein als 2%. Wer sein Spargeld, seine Lebensversicherung langfristig (mindestens 10 - 15 Jahre) einer Bank oder Sparkasse anvertraut, muss sich darauf verlassen können, dass er mindestens 5% garantiert bekommt. Banken und Sparkassen sind in erster Linie für die Kundschaft da und dürfen nicht dem Selbstzweck dienen. Erst in zweiter Linie kommen die Interessen ihrer Besitzer und Aktionäre. Wenn dann noch staatliche Anteilseigner abkassieren, pervertiert sich das System. ALARMSTUFE - ROT

Nachhilfe in Erd- und Heimatkunde

(BPP) Im Reigen der täglichen politischen Nachrichten und der gerade erfolgten Innenminister-Konferenz der 16 Bundesländer, will ich etwas Erd- und Heimatkunde betreiben und falle damit sicher aus dem Rahmen der täglichen Meldungen. Ist unser Föderalismus noch zeitgemäß, nur weil das im Grundgesetz so festgelegt ist ? Die Antwort – ein klares NEIN:

Deutschland ist in der Ost - West Ausdehnung 630 km breit und in der Nord-Süd Richtung 900 km lang. Das entspricht einer Fläche, die etwa halb so groß ist wie Texas. Auf diesem Areal finanziert der deutsche Steuerzahler 16 Landesregierungen mit 16 Innenministern, 16 Kultusministern u.s.w. Ist das wirklich noch sinnvoll, nur weil sich die Bundesländer historisch aus alten Herzogtümern, Grafschaften und Ähnlichem entwickelt haben.
16 Schulsysteme, 16 Verfassungsschutz-Ämter u.s.w. Das alles kostet Milliarden und bremst uns.

Meine Freunde und ich plädieren für Bundeskompetenzen bei Schule, Beruf und Sicherheit und für STARKE KOMMUNEN mit eigenem Haushalt, um die Probleme vor Ort zu lösen.

Innerhalb der EU sind wir ein föderaler Staat, einer von derzeit 28. Wir sind für wirtschaftliche Selbstverantwortung bei gemeinsamer

Außen- und Sicherheitspolitik. Die EU und irgendwann die Vereinigten Staaten von Europa müssen zusammenwachsen. Das darf nicht über's Knie gebrochen werden.

Sonntag, 26.Mai

Ich habe Geburtstag, den 74. und es nicht gemerkt – ein Jahr älter – ja und….

Montag 27 Mai. 2013 11.27

„Der Euro wird zerbrechen":

Euro-Rebell Professor Doktor Lucke:
Politik der Regierung setzt deutsche Renten aufs Spiel …

Noch ein Theoretiker mehr ins Parlament ? Wer den Werdegang des Herrn Professor liest (Curriculum Vitae), stellt schnell fest, dass ein Theoretiker ein gewagtes "Spiel" treibt. Nehmen wir an, dass Bernd Lucke genügend Wähler findet - nehmen wir an, dass er in Regierungsverantwortung kommt. Was geschieht, wenn das Experiment schief geht? Dann hat die AfD eine Volkswirtschaft schwer beschädigt, viele Tausend Arbeitsplätze ruiniert und das europäische Rad um Jahre zurück gedreht. Haftet er dann? Mit Glück übernimmt er die Verantwortung durch ein "Tut mir leid" und zieht sich auf seinen öffentlich besoldeten Professoren-Lehrstuhl zurück.. Ich hoffe sehr, dass die Euro-Rebellen nicht die Übermacht erhalten. EU und €uro wäre schon genutzt, wenn die Schuldenhaftung auf den Müll kommt und Wackelkandidaten eine Zweitwährung einführen.

Dienstag 28 Mai. 2013 10.52

Nachbar im Sozialismus-Wahn:
Frankreich will die Herrschaft über Europa

Wenn der letzte Satz nicht wäre - Wieder mal ein kluger Artikel von Uli Dönch (Focus) - wenn der letzte Satz nicht wäre, Unsere Freund-

Freundschaft zu Frankreich mit einer Ehe zu vergleichen, ist ein Beispiel das hinkt. Regierungen kommen, Regierungen gehen. Sozialist Hollande ist im Abschwung. Frankreich, Deutschland und all die anderen brauchen Europa. Jeder Einzelne wird sich in einer 'kleiner gewordenen Welt' nicht mehr behaupten. Computer überbrücken Entfernungen in Sekunden. Jeder wichtige Platz auf der Erde, ist innerhalb eines Tages zu erreichen. Nur ein vereintes Europa kann im Weltkonzert noch bei den ersten Geigen mitspielen. - Bei der Gelegenheit, Uli Dönch: Ich bin seit 44 Jahren mit einer Französin verheiratet. Wir haben auch stürmische Zeiten überstanden.

Dienstag 28 Mai. 2013 11.29

Ausstieg aus der Währungsunion:
Die Euro-Rebellen im Check -
Gibt es einen Weg zurück zur D-Mark?

Der €uro und die Zweitwährung - "Die Einen sagen so, die Anderen sagen so ...." Wer keine eigene Überzeugung hat, zieht einen Professor zu Rate. Auf jeden Professor gibt es einen Gegen-Professor. Wirtschaft ist weniger Wissenschaft, als Bauchgefühl gepaart mit Erfahrung und Kalkül. Unsere Unternehmer mit ihrem Team haben uns zu dem gemacht, was wir immer noch sind: Eine der führenden Handels- und Wirtschaftsnationen der Welt. Und trotzdem: Die Arbeit der Wissenschaft ist wichtig. Nur - entscheiden und haften müssen die zitierten Unternehmer. Wenn ein Professor sich irrt, liegt das in der Natur der Sache. Der Fehler eines Unternehmers hat oft schreckliche Konsequenzen.

Mittwoch 29 Mai. 2013 12.31

Top-Ökonom warnt die Sparer:
„Deutsche: Konsumiert, bevor das Geld weg ist"

Es tut mir leid..- Auch Daniel Gros gehört in das riesige Heer der Experten für die es immer einen 'Gegenexperten' gibt. Sie eint nur, dass sie alle nicht für ihre Theorien haften müssen. Ihre Expertisen verunsichern oder treiben an - je nach der jeweiligen Sichtweise. Als ehem. Besucher einer sog. Höheren Handelsschule und als gelernter Industriekaufmann, weiß ich eins: Wirtschaft ist keine Wissenschaft. Wirtschaft lebt von Unternehmern, ihren Ideen, ihren Mitarbeitern und der Kundschaft, dem Markt. Politik. muss die Wege ebnen. Dazu gehört, dass Banken und öffentlich-rechtliche Sparkassen für Sparguthaben und Lebensversicherungen, die ihnen für mehr als 15 Jahre anvertraut werden, mindestens 5% Zinsen zahlen. Wenn die EZB Geld für 0,5% verleiht, dürfen Kredite nicht teurer sein als 2%. Das geht - wenn man will.

Was die Banken machen, ist deren Problem – mit allen Konsequenzen; auch für die Kunden.
Öffentlich-rechtliche Sparkassen und genossenschaftliche Volksbank Raiffeisenbanken, müssen sich schon mal an die Hand nehmen lassen; zumindest hinsichtlich der Zinsen.

Donnerstag 30 Mai. 2013 12.37

Eurorettung auf Kosten der Rendite:
Zinstrauma: Wann platzt den Sparern der Kragen?

Wir schwimmen im Geld und gehen trotzdem unter..Die "Wann platzt der Kragen - Frage" von Jens Jüttner ist viel zu höflich gestellt. Wie mit Sparern umgegangen wird, ist schlicht eine Frechheit. Das gleiche gilt für die Verzinsung von Lebensversicherungen. - Ich bin und mit mir auch die PDE klarer Verfechter einer Sozialen Marktwirtschaft, die ohne Gängelung durch den Staat auskommen muss - und trotzdem oder deswegen- Wer Spargeld und Lebensversicherung langfristig einer Bank / Sparkasse anvertraut, muss sich darauf verlassen, dass er mindestens 5% erhält. Wenn das private Banken nicht können oder wollen, müssen das zumindest die öffentlich-rechtlichen und genossenschaftlichen Sparkassen bzw. Volks- und Raiffeisenbanken garantieren. Da muss der Gesetzgeber einschreiten. Ein Kredit darf nicht teurer sein als 2% bei 0,5% EZB

Freitag 31 Mai. 2013 10.40

Waffen für Assad:
Russland liefert Syrien zehn Kampf-Flugzeuge

Russische MIGs für Syrien / Millionen-Umsatz - Wo bleibt der "Auf-
schrei" von Die Linke? Wo sind die Friedenskämpfer Roth, Trittin &
Co? Keine Waffenlieferungen in Krisengebiete - keine deutschen
Panzer, U-Boote. oder andere Waffen. Wenn wir nicht liefern, ändert
sich nichts, außer dass Arbeitsplätze gefährdet werden und Umsät-
ze fehlen von deren Gewinne Personal bezahlt wird und Steuern.
Das ist pervers, aber traurige Realität. Wenn wir nicht liefern, tun es
eben Russen, Amerikaner und / oder andere.

Die Welt ist leider nicht so, wie sie sich einige
zu recht träumen. So wird sie auch nie werden - es sei denn, wir
schaffen die Menschheit ab, dann fallen nur noch die Tiere überein-
ander her und fressen sich satt. .

02.06.13 – 21:03

**(BPP) Zurzeit ist wieder mal 'Hochkonjunktur' beim Klagen über
den Wohnungsmarkt.**
Für Politik und Verwaltungen gilt der Satz: Selber schuld. - Die etablierten Parteien haben in Jahren eine höchst unerfreuliche Situation
entstehen lassen. Der Bau von Wohnungen mit sozial verkraftbaren
Mieten wurde schlicht weg "verschlafen".

Die 'öffentliche Hand' spielt lieber Unternehmer und verkauft
Grundstücke zu 'marktgerechten' Preisen und pocht auf die Geset-
zeslage. - Wer hat die denn geschaffen?? Wer billigen Wohnraum
schaffen will, muss die Kosten senken. Das beginnt beim Grund-
stückspreis, der für den sozialen Wohnungsbau auch mal bei einem
€uro-Symbolpreis liegen muss. Auch Gebühren, Abgaben und Steuern dürfen den Bau nicht verteuern.

Wetten, dass Unternehmer und Investoren, den Sozialen Wohnungsbau wieder entdecken. Der Staat, die Gemeinde hat, wenn

das Projekt abgeschlossen ist, viele Geld werte Vorteile.

Die derzeitige Situation richtet sich nach einem alten Grundsatz: Ein geringes Angebot, steigert den Preis. Kaufleute wissen das.
Der öffentliche Dienst in seiner Vielfalt, sollte Nachhilfeunterricht in der örtlichen Handelsschule nehmen.

Dienstag 04 Jun. 2013 13.12

Wer ist schuld an der Euro-Krise?:
Die irrsten Verschwörungen rund um den Euro

Das Geld und Uli ... - Satire hat immer einen Funken Wahrheit. Dass Uli Dönch und Uli Hoeneß viel von Geld verstehen, ist zumindest mir bekannt. Aber warum müssen wir alles komplizieren? EU & €uro sind unsere Zukunft, wenn politischer Dilettantismus und gewisse Wissenschaftler nicht ständig dazwischen funken. Auch in Deutschland gab und gibt es reiche, weniger reiche und ärmere Regionen. Warum soll das in Europa anders sein?! Die EU ist grundsätzlich eine gute Sache. Das langfristige Ziel können nur die Vereinigten Staaten von Europa sein, wenn wir noch gegen China, Russland, USA, Indien und Brasilien bestehen wollen. Die europäische Kleinstaaterei ist Vergangenheit. Unsere Sprachen sind unsere Kultur. Die EU spricht Englisch untereinander. Schuldenhaftung ist Müll.

Dienstag 04 Jun. 2013 15.12

Handelsstreit eskaliert:
EU verhängt Strafzölle gegen Solarmodule aus China

Toll, wer da wohl am längeren Arm sitzt...
wenn jetzt China mit Strafzöllen für Europa kontert, dann ist viel Porzellan zerschlagen worden. Ein anderer Weg wäre einfacher: Beim Kauf europäischer oder deutscher Solaranlagen, vergeben zum Beispiel öffentlich-rechtliche Institute billigste Darlehen.

Dienstag 04 Jun. 2013 17.10

Umstrittene Gas-Fördertechnik:
Regierung scheitert mit Plänen zum Fracking

Fracking verursacht "Fracksausen"..zumindest bei mir sowie in Deutschland und Europa. Als Nicht-Wissenschaftler weiß ich aber, dass Chemie und Grundwasser weder zusammengehören noch zueinander passen. Außer in Frankreich - und da ist Fracking verboten - fehlt es an großen Weiten und Flächen. Da sollen die Amerikaner und Kanadier und auch die Russen in Sibirien erst mal Jahrzehnte Erfahrungen sammeln. Ich rede lieber dem PDE-Modell das Wort vom EnergieMix der kurzen Kabelwege. Wenn irgendwann auch mal Fracking dazu gehört - meinetwegen...

05.06. – 08:29 – PDE im Bundespresseportal (BPP)

Auf jeden Professor gibt es einen "Gegenprofessor":

Sie prognostizieren, ermitteln, kurzfristig, langfristig und tun so, als ob es jemals in Sachen Wetter etwas Verbindliches gegeben hätte. Das beginnt bei den täglichen Vorhersagen und hört auf, bei Prognosen für einen längeren Zeitraum. Ich weiß mit meinen 74 Jahren nur eins: Mal war es kälter, mal war es wärmer, mal war es nass und mal war es zu trocken. Früher waren die Winter viel kälter und Rudi Carell stellt die berechtigte Frage "Wann wird es wieder richtig Sommer, Sommer, wie es früher einmal war...". Ideal war es zwischendurch auch mal.

Wir in Deutschland wenden Millionen und Milliarden auf, um der Welt ein Beispiel zu geben, wie man den Klimaverlauf und die Sonne beeinflussen kann. Intim-Feind ist das CO_2, aus dem die Bäume den Sauerstoff produzieren. Na ja, die Luft zum Atmen ist unverzichtbar. Zum Dank atmen wir das CO_2 aber gleich wieder aus. In dieser Hinsicht unterstützen uns Gott sei Dank die Kühe. Vor Jahrzehnten und Jahrhunderten von den riesigen Wisent- und Büffelherden unterstützt. Auch Vulkanausbrüche und Waldbrände sorgen für CO_2. Aber irgendwie gibt es und gab es immer Wetter und Klima.

Sogar Eiszeiten, Dürren und Hitzekatastrophen soll es schon gegeben haben. Wie war das noch mit Grönland und der Sahara?

Früher wurde in großem Maße Holz und Kohle verbrannt. Das qualmte und stank. Später kam das Öl dazu. In Bitterfeld und im Ruhrgebiet konnte man kaum die Wäsche raus hängen, weil sie dreckig wieder rein kam. Unsere Autos verbrauchten Diesel oder verbleites Benzin. Die DDR verpestete die Luft mit den Zweitaktern. In Ost und West qualmten die Schlote. Der größte Dreck ist weg. Zwischendurch kam die Atomkraft 'ins Spiel' - da qualmte wenigstens nichts, dafür strahlte es. Dass wir täglich Strahlungen ausgesetzt sind, wird gern verdrängt. Piloten, Flugbegleiter und Röntgenärzte sind messbar "verseucht". Was geschieht eigentlich in der Nachbarschaft der Chemie-Industrie.

Fakt ist aber auch, dass wir zumindest in Mittel-Europa immer älter werden. Die Luft ist deutlich besser geworden - egal, jetzt quält uns der Feinstaub.

Und noch ein Wort zum Hochwasser. Hier kann und konnte der Mensch wirklich eingreifen. Wer hat vor Jahrhunderten Passau an einer völlig falschen Stelle gebaut - der Mensch. Wer nimmt den Flüssen ihre Überflutungsräume - der Mensch. Wer engt die Flüsse ein und begradigt Sie - der Mensch. Wer könnte das Ganze wieder zurück entwickeln - der Mensch. Nur beim Klima stößt er an seine Grenzen. **Die Sonne lässt sich nun mal nicht ins Handwerk pfuschen...**

Mittwoch 05 Jun. 2013 12.54

Mütter, Alte, Migranten: Verschenkte Chance: Arbeitskraft von Millionen Deutschen liegt brach

Umdenken ist überfällig, hat bei mir und meinen Freunden schon lange stattgefunden. Der Artikel an sich kommentiert sich selbst - Armes Deutschland.

Mittwoch 05 Jun. 2013 17.51

Steuertipps für Rentner:
Besteuerung von Renten: Das sind die größten Irrtümer

Danke, Herr Professor Doktor Schweizer. - ohne jede Ironie. Ihr Gastautoren-Artikel. ist sehr begrüßenswert. Er macht deutlich, dass in unserem Land auch im Steuerwesen Chaos ähnliche Verhältnisse herrschen, die nur noch von Steuerberatern und Fachanwälten beherrschbar sind. 72.000 Regeln und Gesetze sprechen für sich und die Wichtigkeit Ihres Berufsstands. Niemand packt dabei die Wurzel des Übels an. Die Art und Weise der Besteuerung von Rentner und Pensionären, ist ein gutes Beispiel. Nur die noch kleine PDE bietet die dringend überfällige Neuordnung. **Rentner z.B. bleiben bis 3.000 € incl. Nebenverdienst steuerfrei und werden danach €uro für €uro pauschal mit 20% versteuert**. Die Sache hat allerdings einen Haken: Steuerberater müssen umschulen auf Anlageberater.

Mittwoch 05 Jun. 2013 18.10

Hochwasser in Deutschland:
Sind Wutbürger mit schuld an der Flutkatastrophe?

Hochwasser hohes menschliches Versagen - Wer hat Passau gegründet - der Mensch. Wer nimmt den Flüssen die Überschwemmungsräume - der Mensch. Wer engt Flüsse und Bäche ein und begradigt sie - der Mensch. Wer baut an gefährdeten Stellen - der Mensch. Wer kann das alles ändern - der Mensch. - Wo er es allerdings tut, wird häufig zu wenig nachgedacht oder sich auf bestehende Bürokratie "verlassen". Wo immer es geht, müssen Deiche ins Hinterland verlegt werden. Wer, wie wir es erlebt haben, Elektrik in Keller verlegt und dann noch in Bodennähe, darf sich doch nicht wundern, wenn steigendes Grundwasser oder Überflutung Schäden verursachen, die vermeidbar sind. Wer genehmigt so etwas? Das Bauamt. Wer bezahlt den Schaden - das Bauamt nicht. Es kassiert Gebühren für eine Genehmigung, die zu nichts verpflichtet.

Freitag 07 Jun. 2013 16.43

Apple-Konferenz WWDC 2013: iWatch, iRadio und vielleicht das iPhone 5S – das sind die Neuheiten von Apple

Die "ZuDröhnung" geht weiter, sicher gut für den Markt - aber brauchen wir das wirklich alles??? Es gibt jetzt schon über 14 Millionen Hörgeschädigte.

Samstag 08 Jun. 2013 14.23

Hammelsprung im Parlament:
Eklat im Bundestag: Sitzung „aufgehoben"

Es sind präzise 299 Abgeordnete vonnöten...
Ich danke dem Kommentar von Ralf Roggenkamp. 299 Wahlkreise hat die Bundesrepublik Deutschland. Jeder der seinen Wahlkreis gewinnt, kommt in den Bundestag. Die Zweit- und Dritt-Platzierten versuchen es beim nächsten Mal wieder. Die Kungelei mit den Landeslisten wird beendet. Auf diese Art lassen sich Jahr für Jahr Zig-Millionen einsparen. Unser derzeitiges Parlament gehört, gemessen an der Größe des Landes, zu den größten der Welt. Wir toppen noch China, Russland und die USA, unglaublich aber wahr.

Mittlerweile denke ich ein wenig gerechter, damit die kleineren Parteien nicht „abgewürgt" werden. 100 beste zweitplazierte bundesweit ziehen ebenfalls in den Bundestag ein. Die Einsparung und Konzentration ist immer noch gewaltig – statt weit über 600, nur noch 399.

Montag 10 Jun. 2013 11.50

Alle schimpfen auf Markus Lanz: War „Wetten, dass ..?"
auf Mallorca echt so daneben?

Alle kritisieren Lanz - ich nicht...Über Geschmack lässt sich bekanntlich streiten - auch über Niveau. Solange noch viele Millionen zuschauen, hat die Sendung eine Existenzberechtigung. Hinsichtlich der Hollywood-Stars sollte man sich auch keine Sorgen machen. Die kommen, von ihren Agenturen geschickt, solange sie vor einem Millionenpublikum für ihren Film, ein neues Buch oder sonst was promoten und werben dürfen. Kein Mensch kann was dagegen haben. Wenn einem Phasen des Programms mal nicht gefallen zappen Sie, wie Jobig's, doch mal für einige Minuten auf einen anderen Sender. Im Falle Geissens hätten sie den Gag-Satz des Abends verpasst. **Wir gehen shoppen - Ich habe doch alles - wir kaufen Tassen, weil du nicht alle im Schrank hast.** Die Tassen-Produzenten wird es freuen....

Montag 10 Jun. 2013 16.28

Die EZB vor Gericht:
Macht das Verfassungsgericht dem Euro ein Ende?

Kann man den Bundesgerichtshof wählen? - €uro JA oder NEIN darf nicht zu einer juristischen Frage werden. Ich bin sicher, dass die Karlsruher-Richter klug genug sind, um sich nicht vereinnahmen zu lassen. Sonst könnten die deutschen und europäischen Parlamentarier gleich einpacken. Kommissionen und Ministerien entwickeln Gesetze und Verordnungen. Oberste Gerichte entscheiden - eine absurde Vorstellung....

Montag 10 Jun. 2013 17.02

EZB-Direktor verteidigt Niedrigzins.
Asmussen: „Sparen lohnt sich noch in Deutschland"

Das Problem ist nicht die EZB - Ganz im Gegenteil. Es ist gut, wenn die EZB mit 0,5% Geld an die Banken ausgibt. Der Ärger beginnt da, wo bei mit weit mehr als 300% Aufschlag, Kredite, Darlehen und Konto-Überziehungen, die "Abzockerei" der Banken beginnt. Es fehlt an politischer Führung, wenn die Niedrigzinsen als 'Ausrede' herhalten müssen, dass langfristige Sparguthaben und schlimmer noch, Lebensversicherungen mit weit weniger als 5%, dafür sorgen, dass

der Glaube an Renten und die Sicherheit von Lebensversicherungen schwindet. Da fehlt ein politisches Umdenken.

Auf die Gefahr, dass mich einige ‚Experten' für verrückt halten – Das
von der EZB gekaufte Geld, wird an Wirtschaft und Private mit einem 300%igen Aufschlag vergeben = max. 3%.
Wer seinem Bankinstitut für mindestens 15 Jahre sein Sparguthaben und seine Lebensversicherung anvertraut, sollte dafür schon mit
5% belohnt werden; wenn die privaten Banken da nicht ‚mitspielen',
sollten die öffentlich-rechtlichen und/oder genossenschaftlichen
Sparkassen / Volksbanken Raiffeisenbanken dazu angeleitet werden, um ihren Status nicht zu gefährden. Es geht, wenn der politische Wille das fordert.

**Die privaten Banken sind privat und verantworten ihre Geschäft
entsprechend – Pleite ohne Staatshaftung eingeschlossen. Das
muss die Kundschaft nur vorher wissen …**

Montag 10 Jun. 2013 17.13

**„Euro-Hawk"-Debakel:
Opposition zwingt de Maizière vor Untersuchungssauschuss**

Da bin ich aber gespannt..Haften SPD, Grüne, CDU/ CSU etwa für
die begangenen Fehler aus dem Beginn des Desasters?? Nein, das
alles ist Wahlkampfgetöse. de Maiziere sollt alle die aus seinem
Ministerium 'feuern', damit kennen sich Militärs ja aus, die ihm voll-
ständige Informationen verweigert haben. Aber nochmal: Ohne Rot /
Grün gäbe es in Deutschland gar kein Drohnen-Desaster und mit
der Abschaffung nationaler Armeen zu Gunsten einer EU-Armee der
500 Tausend, wie von der PDE entwickelt, würde sich ein völlig
anderes Bild ergeben.

Dienstag 11 Jun. 2013 12.45

**Altersarmut:
Jede zweite Rente lag 2012 unter Hartz IV-Niveau**

Hartz IV u. Rente:
Skandal beenden...Nur die PDE bietet ein Konzept, das Hartz IV
abschafft und Altersarmut verhindert: Das Haushaltsgeld.

Leider ist das mangels Bekanntheitsgrad noch nicht durchgedrun-
gen. Steuern, Renten/ Pensionen, Gesundheit, Europa und vieles
mehr erfordern Veränderungen zum Besseren. Damit müssten sich
die etablierten Parteien mehr beschäftigen, damit die Wähler wirklich
auswählen können. Schwarz/Gelb, Rot/Grün oder Rot/Rot/Grün
oder Schwarz/Rot stehen auf keinem Wahlzettel. Das Wahlergebnis
wird zum Zufallstreffer, der von Prozenten bei der Wahlbeteiligung
und Additionen abhängt. Ohne PDE ist mit einem durchgreifenden
Wandel, wohl auch nicht zu rechnen.

Es sei denn, die anderen schreiben ab und die PDE wäre überflüssig. Das wäre auch ein Erfolg. Letztlich geht es um die Sache, nicht
um persönliche oder parteiliche Eitelkeiten.

Mittwoch 12 Jun. 2013 13.37

Spaniens Schuldner profitieren:
EZB-Zinspolitik kostet Deutsche 22 Milliarden Euro

Ist eine Allianz-Studie neutral - Zweifel sind angebracht. .Immerhin
gehört die Allianz zu den großen Finanzinstituten. Ich weise auf die
PDE hin, die mehr politische Führung anmahnt. Niedrige EZB-
Zinsen von 0,5% sind gut, besonders wenn schwache EU-Partner
davon profitieren. Wenn allerdings unsere Banken, öffentlich-
rechtliche Sparkassen und genossenschaftliche Banken bei Darlehen / Krediten auf die 0,5% mehr als 300% aufschlagen, dient die
Sache nicht dem Nutzen von Wirtschaft und Privaten. Dann stehen
Bankinteressen an erster Stelle. Ärgerlich , wenn der 0,5% Niedrigzins als Begründung für Mini-Verzinsungen bei langfristigen Spargeld-Konten und noch langfristigeren Lebensversicherungen herhalten muss. Hier müssen 5% erzielt werden. Das ist eine politische
Aufgabe. Alterssicherung darf kein Banken-Spielball sein.

Mittwoch 12 Jun. 2013 17.16

Kluge Vorsorge: In drei Schritten zur sicheren Rente

Rente: Der Staat ist überfordert .Danke dem FOCUS Online für die Aufklärung. Norbert Blüm hatte schon immer recht: Die Rente ist sicher...Über die Höhe hat er nie geredet. So wie das Rentensystem jetzt organisiert ist, wird es Deutschland in absehbarer Zeit seiner Kraft berauben. Das Gegenrezept: Sozialabgaben von 15% auf ALLE Einkommen ohne Ausnahme, Millionäre, Staatsbedienstete und Politiker eingeschlossen. Jeder ist für seine Altersversorgung verantwortlich. Der Staat hat dafür die Voraussetzungen zu organisieren. Das von der PDE entwickelte Haushaltsgeld von 1.500 / 1.200 € ersetzt ALG II, HARZT IV und schafft als Grundrente die Altersarmut ab. Nach einer langen Übergangszeit ist das Haushaltsgeld die Grundsicherung. So wie jetzt kann es nicht weitergehen...

Mittwoch 12 Jun. 2013 18.03

Eröffnung frühestens 2015?: Fristlose Kündigung – Ex-Chef des Berliner Flughafens soll auf 1,6 Millionen verzichten

Ein fiktives Einstellungsgespräch .."Guten Tag, Herr Rainer Schwarz und guten Tag, Herr Manfred Körtgen. - Leider haben wir nicht viel Zeit. Bitte schreiben Sie auf, bei welchen Flughafen-Neubau-Projekten sie bereits gearbeitet haben. Es wäre sehr hilfreich, wenn Sie Referenzen angeben." -Ende-

Wer hat die Anstellungsverträge der Herren zu verantworten? Um in der Fliegersprache zu bleiben, 'fliegen' die Verantwortlichen für die Verträge gleich mit? - Sicher sind Herr Schwarz und Herr Körtgen hoch qualifiziert - sicher aber nicht im Flughafenbau. - Bei weltweiter Ausschreibung, wäre man garantiert auf erfahrene Flughafenbauer gestoßen. Aber die politische Führung des BER-Desasters zahlt lieber Lehrgeld auf Steuerzahlers Kosten!!!

Donnerstag 13 Jun. 2013 15.47

Zerstörerische Steuerpläne:
Rot-grün startet den Angriff auf die Mittelschicht

Solange die falschen Leute das Sagen haben, wird sich nichts ändern. Der Bundestag wird in Regierung und Opposition mit über 60% vom Öffentlichen Dienst und Anwälten dominiert. Der Mittelstand, Unternehmer + Arbeitnehmer gehört zu den Säulen unserer Gesellschaft. Solange nicht in jedem Wahlkreis mindestens ein Kandidat antritt, der in einer Firma, einem Unternehmen an verantwortlicher Stelle gearbeitet hat, wird sich daran auch nichts ändern. Da nützt das Wehklagen nichts. Wir haben zu viele „Cheftheoretiker". Die Griechen haben einen wunderbaren Begriff für die, die sich nicht für das öffentliche Leben interessieren. Sie heißen 'Idiotes', sind also Idioten – wie man sieht, ist Idiot keine Beleidigung.... Die kaum bekannte PDE wäre eine Alternative. Aber wer will schon was Neues...

Was Neues, nee lieber nicht. Ich bin doch kein Idiot ...

Vieles würde sich ändern, wenn ...

(BPP) Eine EU ohne Schuldenhaftung. Ehrlichkeit gegenüber der Türkei und Beendigung der Aufnahmeverhandlungen, dafür Abschluss eines Freundschaftsvertrages. Strikte Trennung von Staat und Kirche. Glauben ist Privatsache. Kirchensteuer ist nicht Staatsangelegenheit; trotzdem finanzielle Unterstützung des sozialen Engagements der Kirchen, wenn sie dem Allgemeinwohl dienen. Ein neues Steuersystem, neue Gesundheitspolitik, eine Ideologie freie Energiepolitik, endlich Einschränkung der Bürokratie durch Mitarbeit von Privaten und der Wirtschaft, Ende von Hartz IV/ALG II und vieles mehr siehe - Leider steht die PDE noch nicht zur Wahl. Die Bürokratie hat's verhindert. Wir machen unverdrossen weiter. Wir sind die Volkspartei der Zukunft.

Donnerstag 13 Jun. 2013 17.41

**Gemeinde darf Friedhöfe errichten –
Jetzt offiziell: Der Islam gehört zu Deutschland**

Nachdem ich tief durchgeatmet habe - Wer das in Hessen zu verantworten hat, dem halte ich ein berühmtes Bibel-Zitat entgegen. "Herr, vergib Ihnen, denn sie wissen nicht, was sie tun" - oder...? Die Religionsfreiheit garantiert das Grundgesetz. Die von mir vertretene PDE spricht sich klar für eine Trennung von Kirche und Staat aus, wohl ganz im Sinne des Gründers der Türkei, Kemal Atatürk. Deutschland in Europa fußt auf christlich-jüdischen Traditionen. Dass sich islamische Mitbürger einen eigenen Friedhof einrichten, ist Teil von Normalität. Dass aber durch die Hintertür Islam und Kirchen gleichberechtigt nebeneinander stehen und der deutsche Staat somit Steuern für den Islam einziehen kann, wird für viel Unfrieden sorgen und damit die Integration auf lange Zeit erschweren.Die Türkei ist keinTeil der EU!! Der Islam ist keine deutsche Religion.

Den EU-Beitritt Fans der Türkei empfehlen wir dringend die Anschaffung eines Globus. Erst ein Globus klärt die Größenverhältnisse, im Hinblick auf den europäischen Anteil der Türkei deutlich; Landkarten gaukeln einem häufig durch ihre Maßstäbe eine „andere" Wirklichkeit vor. Die Türkei ist ein traditioneller Freund Deutschlands. Das stellt niemand in Abrede. Ein europäischer Staat ist die Türkei nicht. Daran ändert auch der kleine „Zipfel" auf europäischem Boden nichts. In meinem Weltatlas wird die Türkei ‚West-Asien' zugeordnet! – Schon ein Beitritt Zyperns hätte es nie geben dürfen ….

Die islamische Türkei mit ihren über 70 Millionen Einwohnern - Tendenz stark steigend - passt kulturell weder zu Deutschland noch zu Europa. Wollen wir die Augen verschließen vor der Gewalt zwischen Sunniten, Schiiten, Alleviten und religiösen Exzentrikern wie den Salafisten? Ist das kurdische Problem europäisch? Soll der Zweitgrößte EU-Staat die Türkei sein?

Die Türkei ist Mitglied des Europa-Rats, zu dem u.a. auch Russland gehört und alle Mitgliedsstaaten der EU. Ihre ‚Westbindung' wird durch die Mitgliedschaft in der NATO dokumentiert.

Ich fordere Ehrlichkeit gegenüber der Türkei: Ende der EU–Beitrittsverhandlung. Abschluss eines Freundschaftsvertrages.

Die Türken in Deutschland sind willkommen, wenn sie schriftlich das Deutsche Grundgesetz anerkennen. Hinzu kommt: Türken, die seit mindestens 10 Jahren in Deutschland leben, deutsch sprechen und hier Steuern zahlen, sind Bürger unseres Landes und erhalten das Wahlrecht ohne **doppelte Staatsbürgerschaft**; gewählt werden ist nicht möglich. Das setzt die Deutsche Staatsbürgerschaft voraus. Das gilt auch für andere Nationen. Übrigens: **Absurd ist doch auch die Vorstellung, dass jemand zugleich Christ und Mohammedaner sein kann...**

Eine vordergründige Einreise in das deutsche Sozialwesen, scheidet aus.

Die jüdisch-christliche Tradition des Abendlands und die Glaubensfreiheit.

Das ist so in Jahrhunderten gewachsen. Europa, also das Abendland, unterscheidet sich so zum Beispiel vom islamisch dominierten Orient, dem Morgenland. Hier sind auf einem relativ kleinen Raum das Judentum und der Islam entstanden.

In Deutschland und Europa gibt es eine immer größer werdende Anzahl von Menschen, die weder an einen christlichen Gott, noch an den Islam und Allah glauben. Sie glauben an nichts, vielleicht an sich selbst oder an das Gute im Menschen, bis zum Beweis des Gegenteils. Von Buddhisten, Hinduisten, Shintoisten und vielen anderen Glaubensrichtungen gar nicht zu reden. Allein diese Vielfalt stellt die Grundfrage "Gibt es überhaupt einen Gott, den Schöpfer von Himmel und Erde"? Diese Frage wird auf immer und ewig zu keiner verbindlichen Antwort führen - deshalb nennt man gewisse Sehnsüchte von Menschen eben GLAUBEN. Glauben ist kein anderes Wort für WISSEN. Viele glauben, wissen aber nichts; zumindest auf diesem Gebiet. Das Unerklärliche: Bei den Gläubigen vereinen sich auf wundersame Art dumme und kluge Menschen. - In Sachen Islam schließen Bremen und Hamburg sogar Staatsverträge. Geraten wir etwa unter Druck, weil in der Türkei und anderen Staaten der arabischen Welt jetzt auch das Juden- und Christentum geschützt wird? - Die ganze Sache ist kaum zu glauben....

Glauben und 'Nicht-Glauben' eines jeden Einzelnen ist Privatsache. Das müssen wir respektieren. Ich achte den Glauben und das Nichtglauben jedes Einzelnen. Meine Toleranz ist beendet, wenn im Namen eines Gottes oder eines Glaubens Gewalt begangen wird oder das Töten gerechtfertigt wird. **Die heftigen Auseinandersetzungen zwischen Salafisten, Aleviten, Alawiten, Sunniten und Schiiten sind dort zu klären, wo der Islam seine Wurzeln hat** - und das ist bekanntlich weder in Europa noch in Deutschland. **Die Glaubensfreiheit garantiert das Grundgesetz. Ist das Grundgesetz aber mit der Scharia vereinbar?. Die klare Antwort heißt NEIN.**

Wenn, wie in Hessen geschehen, eine islamische Glaubensrichtung jetzt das Recht auf einen eigenen Friedhof erhält, sehe ich darin kein Problem. Das Problem ergibt sich zwangsläufig auf eine andere Art: Ist es eine Staatsaufgabe, Kirchensteuern einzuziehen? NEIN - wenn er das tut, muss er zwangsläufig ähnliches nicht nur für den Islam tun. Zu so einem Verfahren sage ich auch - NEIN. Trotzdem sollte der Staat finanziell die Kirchen bei der Bewältigung von sozialen Aufgaben unterstützen, wenn sie der Allgemeinheit dienen.

Wen es interessiert: Ich bin christlich erzogen, aber kein Mitglied der Kirche mehr. Ich achte den Glauben, ohne selbst zu glauben.

Freitag 14 Jun. 2013 17.54

Regel-Wut: Die wildesten Auswüchse der deutschen Bürokratie

Das Wahlrecht leistet Beihilfe zur Bürokratie - Solange sich an der "Diktatur" von Öffentlichem Dienst und Anwälten in Regierung und

Opposition im Bundestag nichts ändert, wird sich nichts verändern. Seit Jahrzehnten faseln alle Parteien vom Bürokratie-Abbau und machen durch immer neue Gesetze und Verordnungen, das Gegenteil. Vor einer Wahlteilnahme hat die Bürokratie hohe Hürden aufgebaut. Daran scheitert manch neuer Politikansatz. Dabei wäre es einfach: Der Wahlzettel erhält unten eine freie Spalte. Links kann der Wähler einen Kandidaten eintragen und rechts, die von ihm bevorzugte Gruppierung. Wir werden dann wohl nicht mehr um 18:03 die erste Prognose haben und gegen 22 Uhr ein Endergebnis. Aber, wir haben 4 Jahre gewartet, dann dauert es eben einen Tag länger. Nun denn, dann beim nächsten Mal ..

18.06.13

Haben die Bundeswehr-Bürokraten "noch alle Tassen im Schrank"??

Angeblich plant die Bundeswehr, für ihren Hochwasser-Einsatz Rechnungen zu
schreiben. (gelesen in "Die Welt" und Dresdner Morgenpost) sowie bei Google.
Wenn das stimmt, beweist es wieder mal, dass der gesunde Menschenverstand
sich bei vielen Bürokraten längst verabschiedet hat. Ist die Bundeswehr nicht eine Einrichtung, die vom Steuerzahler getragen wird? Plant die Bundeswehr-Bürokratie auch eine Rechnung an Präsident Karsai für unsere Hilfe in Afghanistan??? - Es ist schon lange Zeit, höchste Zeit für die neue Politik der PDE (vorm.PFDE). Leider scheitern wir dieses Mal noch an den hohen Mauern der Bürokratie des Wahlrechts - eines Wahlrechts, dass es einer neuen Politik verdammt schwer macht. Wir werden uns aber durchsetzen, im Vertrauen auf die Klugheit der Damen und Herren Wähler.

24.06.13 – 17:45

Die CDUCSUSPDFDPGRÜNEN-PARTEI ist auch für viel Murks verantwortlich

(BPP) Am Sonntag thematisierte Günter Jauch 'Das Billiglohnland Deutschland'. Ein spannendes Thema bei dem viel zu kurz kam, dass die eigentliche Schuld bei der Politik liegt. Wer ist denn dafür verantwortlich, dass die Sub-Sub-Sub-Unternehmer-Seuche sogar legal ist. Clevere Geschäftemacher nutzen doch nur die Möglichkeiten, die ihnen eingeräumt werden. Dass dabei der Kunde auf der Jagd nach 'billig-billig' eine gewisse Mitschuld trägt, kommt so gut wie nicht zur Sprache. Im seltsamen Gegensatz steht die Forderung nach einem Mindestlohn von 8,50 €. Wenn dann noch die politische Plattitüde "man muss von seiner Arbeit auch leben können" hinzukommt, jubeln genau die, die gern billig einkaufen. Also - was fordern die Gewerkschaften -richtig- 'Höhere Löhne'. Wobei völlig verdrängt wird, dass jede Lohnerhöhung zeitversetzt eine Preiserhöhung nach sich zieht. Solange dieser "Teufelskreis" nicht durchbrochen wird, bleibt alles wie es ist. 'Billig-Billig' geht immer nur zu Lasten der Arbeitnehmer. - Die Politik der PDE steht für höchst mögliche Löhne und Gehälter, die einer Firma noch Gewinne ermöglichen. Das von vielen schon praktizierte Modell der Gewinnbeteiligung -BONI FÜR ALLE- muss zum Allgemeingut werden.

Noch ein Wort zu den "Steueroasen": Natürlich kann jeder im Land seiner Wahl produzieren, dort Gewinne machen und Steuern zahlen. Wer das alles voneinander trennt, dankt den Gesetzgebern, die das zulassen. Ich sehe es schon vor mir: Die Deutsche Bank hat ihre Kundschaft bei der Bevölkerung der karibischen Inseln. VW verlegt seine Produktionsstätten und sein deutsches Händlernetz dahin, weil in den Steueroasen die Kundschaft lebt.

Steueroase - Auswüchse von juristischem Polit-Murks; eingerissen in Jahrzehnten.

Montag 08 Jul. 2013 13.57

Stattliches Ruhegeld vom Staat - Ruhestand mit 37: Karriere-Beamter kassiert doppelt

Der Zimmermann-Skandal - ist bezeichnend dafür, wie eingefahren und zugleich verrottet die Bürokratie agiert. Der Bezug zu den Damen und Herren Auftraggebern, auch Wahlvolk genannt, ist schon lange unter die Räder gekommen. Die PDE böte einen Neuanfang, scheitert für 2013 aber noch an den Hürden der Bürokratie des Wahlrechts. Viele Veränderungen in Deutschland, aber auch in Europa sind überfällig im Sinne einer Sozialen Marktwirtschaft, die eine florierende Wirtschaft voraussetzt. Dem darf der Staat nicht im Wege stehen. Der Staat hat für Infrastruktur zu sorgen, der Bürger dafür Steuern zu zahlen.

Ich warte auf den Tag, an dem jemand, der das Geld über hat, den Staat wegen Veruntreuung verklagt – nichts anderes ist oft genug der Umgang mit dem anvertrauten Steuergeld. Zeuge vor Gericht: Der Bund Deutscher Steuerzahler.

Die Dresdner Morgenpost titelt am 08.07. Sachsen: Finanzamt jagt 17300 Rentner.

Das ist sicher alles rechtens, auch wenn es den älteren Herrschaften gegenüber in hohem Maße unanständig ist. Aber Anstand, Moral und Bürokratie waren noch nie echte Freunde. - Was mich erstaunt ist, dass diese "Rentnerjagd" nicht die
Top-Meldung in allen Medien war.

Die leider am 22.September noch nicht wählbare PDE Politik für Deutschland in Europa erklärt in ihrem Programm, dass Renten, Pensionen und Nebentätigkeiten bis zu einer Gesamthöhe von 3.000,-- € steuerfrei sind. Ab erstem €uro darüber werden 20% Pauschalsteuer fällig. Einziger Nachweis:
Der Bankauszug. Die jetzige Regelung verunsichert unsere älteren Mitbürger und ist zudem wieder mal ein Beschäftigungsprogramm für Steuerberater und Fachanwälte.

Dienstag 09 Jul. 2013 18.34

Trennungsrisiko in Deutschland: Hier scheitern die meisten Ehen – der Ländercheck

Trennungsrisiko - ein aufklärender Beitrag, der wieder mal deutlich macht, welche bürokratischen Borniert- und Kleinkariertheiten uns in vielen Dingen behindern. Scheidungs-"recht" ist nur ein Beispiel. Schulsystem, Nachrichtendienste und und und - Deutschland ist flächenmäßig halb so groß wie Texas und leistet sich 16 Landesregierungen. Das ist Geldvernichtung pur. Die von mir geforderte Politik plädiert für die Abschaffung der Landesregierungen und im Gegenzug für eine Stärkung der Kommunen. Das ist eine Überzeugung, für die ich eintrete.

Mittwoch 10 Jul. 2013 12.34

Auftritt in München:
Wie Angela Merkel die Wirtschaft für sich einnimmt

Angela Merkel ist besser, als der Rest - aber das allein ist kein Kriterium. Fakt ist, dass auch die Kanzlerin und die überwiegende Mehrheit des Bundestags in Regierung und Opposition nie erfahren hat, was die Führung eines Unternehmens ausmacht. Es fehlt an eigener Erfahrung mit Verantwortung und Haftung.. Deutschland wird dominiert von 'Cheftheoretikern'. Das Traurige: Die Wirtschaft verlässt sich auf ihre Verbände. Die Gewerkschaften sind da klüger, weil sie eigene Abgeordnete im Parlament haben. Ich unterstütze das Credo der PDE Politik für Deutschland in Europa: "Soziale Marktwirtschaft kann nur funktionieren mit einer florierenden Wirtschaft - dem darf der Staat nicht im Wege stehen"! Solange die PDE nicht auf dem Wahlschein steht, gehört schwarz / gelb, vielleicht mit den Freien Wählern zum 'geringeren Übel'

Mittwoch 10 Jul. 2013 15.43

Social Graph: Was Facebooks neue Suche kann ...
und wie gefährlich sie ist

Seit Jahrtausenden wird ausgespäht und spioniert. - Das ist nun mal so, weil es eine menschliche Schwäche ist - genannt Neugierde, die wiederum hat den Vorteil, dass sich aus Neugierde (die Gier nach Neuem) oft Neues entwickelt - Schaffen wir alle Facebooks,

Googles, Twitters und leider auch FOCUS ONLINE ab - dann steht nichts mehr im Netz und das Leben geht weiter - nur nicht mehr ganz so schnell. Nee, eigentlich will ich das auch nicht. Ich habe nichts zu verbergen.

Donnerstag 11 Jul. 2013 18.18

Familienministerin zufrieden, Eltern in Not: Deutschland hat über 200 000 freie Plätze – nur am falschen Ort

Na dann ist doch alles wunderbar - Organisation ist Alles. Wenn die Eltern nicht da Kinder in die Welt setzen, wo der Staat KITAs anbietet, kann man der Politik doch keine Vorwürfe machen - oder hab' ich da was falsch verstanden...???

Das Ausspähen, die Spionage und die Tradition

Das erste Opfer "jüngerer Zeitrechnung", wenn die Geschichte so stimmt, war kein geringerer als Jesus Christus, der vom Verräter Judas seinen Häschern ausgeliefert wurde. Traurig in jedem Fall - aber wahr...? Verrat, Hochverrat und Spionage haben eine lange Tradition. Überspringen wir getrost ein paar Jahrhunderte und erinnern an die Gräueltaten von GESTAPO und STASI. Heute sind unendlich viele Geheimdienste sehr viel subtiler auf der Welt unterwegs. Keiner traut dem Andern.

Die Amerikaner, die Russen, die Chinesen, die Israelis, die Franzosen, die Engländer - ja man höre und staune, auch der Militärische Abschirmdienst MAD und der Bundesnachrichtendienst sind dabei. Bankgeheimnis - Das ich nicht lache; Sparkassen und Banken rücken alles raus, wenn der Staat sie auffordert. Und wo es nicht reicht, wird der Staat sogar zum Hehler und kauft geklaute Steuer-CDs. Ein Blick ins pralle "Google-Leben": Die Auskunftei Bürgel wirbt mit ihrem Gründungsdatum 1885. Die Liste der Auskunfteien ist lang - SCHUFA, CREDITREFORM, um nur die bekanntesten zu nennen. Ein Riesen-Angebot von Unternehmen die Personen- und Firmenauskünfte liefern, Privatdetektive und und und - Selbst der 'investigative Journalismus' spielt eine wichtige Rolle. Wenn wir schon gerade dabei sind - was ist mit unseren Staatsanwaltschaften - warten die auch nur auf Selbstanzeigen??? Ach so und dann sind da ja auch noch die "unabhängigen" Rating-Agenturen Fitch, Moody's, Standard & Poors. Und da kommt nun ausgerechnet ein gewisser Herr Snowden.... Betrügern, Ganoven und Terroristen ist heutzutage leider nicht mehr anders beizukommen, als mit Ausspähung. So ist sie leider, unsere Welt. Den vielen "Schlechtmenschen" steht, wem auch immer sei's gedankt, eine große Mehrheit anständiger Leute gegenüber. Und damit das so bleibt, wird weiter spioniert und ausgespäht. Wer Millionen von Daten überwacht, interessiert sich bestimmt nicht für den täglichen, menschlichen Kleinkram, die menschlichen Nöte. So perfekt kann keine Überwachung sein, dass alle Untaten rechtzeitig bekannt werden. Leider ....

Freitag 12 Jul. 2013 16.53

Asyl nach NSA-Skandal:
Entscheidung in Moskau – Snowden geht in Russland ins Exil

Edward Snowden - wie wichtig ...Weiß der junge Mann noch was er will ? Ist er vielleicht erschrocken, welchen Medienrummel er ausgelöst hat? Erst HongKong, dann Moskau, dann kommen 21 Länder in die "engere Wahl". Dann will ihn Putin nehmen (Amtshilfe für Spione), dann sagt Herr Snowden ab, dann soll es doch Venezuela werden - und nun "The winner is Russia". Einen Verdienst hat der junge Mann: Die Welt wird daran erinnert, dass spioniert wird. Und es wird weiter spioniert, wie seit Jahrhunderten - leider.

Samstag 13 Jul. 2013 11.06

Paris verliert letztes Spitzenrating:
Fitch entzieht Frankreich die Topnote

Ich stufe alle Rating-Agenturen ab auf RAMSCH - Eine handvoll überheblicher Agenturen spielt sich zum obersten Richter der Weltwirtschaft auf. Rating-Agenturen beeinflussen Börsenkurse, gefährden Arbeitsplätze und haften für nichts, wenn sie schief liegen. Fast alle dieser obskuren Agenturen sind noch nicht mal unabhängig. Ich erinnere an einen Couplet-Sänger vergangener Tage, Richard Germer, der würde heute wohl texten und singen: "Mögen die Rating-Agenturen auch noch so laut wimmern.. Gaanich um kümmern, gaanich um kümmern!" . . .

Dienstag 16 Jul. 2013 11.52

Womit der Skandal-Rapper Recht hat: - Die Provokationen von Bushido: Wer ist hier ein „Idiot" und „Arschloch"?

Sehr geehrter Herr Professor Wolffsohn,
eigentlich müssten Sie mit diesem FOCUS-Gastartikel auf die Frontseite von BILD. Und genau da beginnt das Problem. Wer intelligent ist und versteht zu lesen - und das unterstelle ich den meisten FOCUS-Lesern - hat Ihren hervorragenden Artikel für sich bewertet. Für die, die Sie erreichen müssten, ist der Artikel zu lang, 'Arschlöcher und Idioten' haben zudem Leseschwächen. Es gibt in Deutschland mit der PDE eine kleine Volkspartei der Zukunft, die kaum jemand kennt. Sie will ein Deutschland in Europa und ist offen für all die, die in diesem Land leben und arbeiten wollen. Die Welt wird zwar "kleiner" aber Deutschland in der Fläche nicht größer. Da liegt auch ein Problem mit Angstpotential.

Dienstag 16 Jul. 2013 12.45

EU-Justizkommissarin Viviane Reding:
„Ich habe von mehreren Abhöraktionen gehört"

Dieser "Mist" beginnt zu langweilen...
Ich kann das Wort 'abhören' nicht mehr hören. Es geschieht viel Unrecht auf dieser Welt - dem sollten wir uns widmen. Spionieren und Ausspähen sofort einstellen, damit Betrüger, Ganoven und Terroristen in Ruhe weiter machen können. Datenschutz für Alle - einschließlich der genannten Gruppe. **Die Welt wird mit weniger oder gar keiner Spionage nicht besser.**

Dienstag 16 Jul. 2013 14.26

Entscheidet der Abhörskandal die Wahl?: Rot-Grün auf dem Vormarsch – Vorsprung von Schwarz-Gelb schmilzt

Deutsche Bundestagswahlen beeinflusst von Herrn Snowden? Das halte ich im Kopf nicht aus. Ich setze auf die Intelligenz der Wähler am 22.September, die sich sehr wesentlich um Deutschland und seine Zukunft kümmern sollten und werden. Zur Erinnerung: Seit Konrad Adenauer, aber auch bei Willy Brandt, Helmut Schmidt und Gerhard Schröder wurde spioniert, sogar die Grünen waren dabei. Das wird sich auch in Zukunft nicht ändern. Weder Frau Merkel noch Herr Steinbrück, Frau Roth und Herr Trittin, können es sich leisten, die Spionage abzuschaffen. Datensicherheit ist auch Sicherheit für Ganoven, Betrüger und Terroristen.
22.09. sorgt bis 17:59 für Klarheit.

Oder auch nicht – **wir werden von einer Koalition regiert, die auf keinem Wahlschein steht. Da stehen Parteien – alles andere passiert durch Wahlbeteiligung und Addition.**

Dienstag 16 Jul. 2013 17.15

**Steinbrück: Merkel muss USA Widerstand leisten –
wie einst Gerhard Schröder**

Peer Steinbrück kommt die Spionage-Affaire gelegen. - Was haben der Irak-Krieg und die endlose Abhörerei miteinander zu tun? Mir fällt da nichts ein. Ich kann mir nur vorstellen, dass Herr Steinbrück sich freut, weil es von seiner Konzeptlosigkeit ablenkt. Vielleicht gibt es aber doch einen Zusammenhang. Auch unter Kanzler Schröder und seinem grünen Vize, wurde schon spioniert. Und Größe hat Herr Schröder auch gezeigt, als er den russischen Präsidenten als lupenreinen Demokraten bezeichnete. **Am 22.09. / 18 Uhr reden wir weiter über Größe... große Siege, große Niederlagen, Große Koalition???**

Mittwoch 17 Jul. 2013 10.36

**Währungsunion ohne Zukunft - Hans-Olaf Henkel prangert an:
Das sind die Lügen der Euro-Retter –**

Hans Olaf Henkel und der Vorteil seiner Prominenz. Er schreibt Bücher die gekauft und gelesen werden. Seine Stimme ist leider nicht im Deutschen Bundestag zu hören, weil Herr Henkel sich offensichtlich der aktiven Politik entzieht. – Die PDE, die noch kaum jemand kennt, fordert seit geraumer Zeit, dass wirtschaftlich schwächelnde Staaten durchaus neben dem €uro ihre alte Währung wieder einführen können. Wer den €uro abschaffen will, hat offensichtlich nicht seine verbindende Symbolik verstanden. Die Todsünde ist die Schuldenhaftung. Danke, Herr Henkel für den USA-Vergleich. Niemand der 50 Staaten haftet für die Schulden des Nachbar-Staates. **Wir haben weder eine €uro-Krise, noch eine EU-Krise.
Was wir haben ist eine sehr individuelle Politik-Krise.
EU & €uro – JA, nur nicht wie gehabt.**

Mittwoch 17 Jul. 2013 10.49

**SPD warnt vor neuem Schuldenschnitt:
Steuerzahler wären betroffen –
Griechenlandkrise gefährdet deutschen Haushalt**

Griechenland: SPD verdrängt die Ursachen - Es war über Jahrzehnte die sozialdemokratische PASOK, die in Griechenland das Sagen hatte. Da sind die Dinge eingerissen, die heute angeprangert werden. Unter der Führung von Finanzminister Eichel (SPD) wurde Griechenland in den €uro aufgenommen. Immer wieder: Die vertrackte Schuldenhaftung ist die Wurzel des Übels. Der amerikanische Dollar zum Beispiel gilt in allen 50 Bundesstaaten – jeder Bundesstaat haftet für die Folgen seiner Haushaltspolitik. Da wird man schon nachdenklich bei unserem Länderfinanzausgleich – einer nationalen Form der Schuldenhaftung. Begreifen wir es endlich: Soziale Marktwirtschaft funktioniert nur bei florierender Wirtschaft und der darf der Staat nicht im Wege stehen mit seiner Bürokratie.

Mittwoch 17 Jul. 2013 12.45

Formel-1-Boss Bernie Ecclestone wegen Bestechung angeklagt

Hat sich Herr Ecclestone etwa selbst angezeigt - oder hat ihn jemand ausgespäht. Das wäre ja fürchterlich. So ist die Welt nun mal und so sind die darin lebenden Menschen. Gute, schlechte, Freiheitsbedroher, Kämpfer für die Freiheit, Betrüger, Ganoven, Terroristen, Gangster und eine riesige Zahl, die dem Kopf schüttelnd und missbilligend gegenübersteht. Datenschutz schützt auch die "Schlechtmenschen" mit unabsehbaren Folgen. Bei mir gibt es nichts auszuspähen, deshalb rege ich mich auch nicht auf. Schon Sparkassen und Banken reichen Konto-Auszüge an das Finanzamt auf Anforderung weiter. Die Auskunfteien sind auch nicht besser. Was soll also das Geschrei? Die Zeiten von Geheimnissen sind lange vorbei, auch unter Mitwirkung der freien Presse - man mag das beklagen, aber....

Eine freie Presse ist lebensnotwendig, selbst wenn sie, von Menschen gemacht, sich im Ton vergreift und spekuliert. Viele Skandale wären im Verborgenen geblieben. Über die Presse darf man sich freuen oder ärgern – je nach Sichtweise. In großen Teilen dieser Welt gibt es leider keine freie Presse.

Mittwoch 17 Jul. 2013 13.01

Dönchs Finanzen:
Darf das reiche Deutschland Europa im Stich lassen?

Wenn es im Journalismus Uli Dönch nicht gebe, müsste man ihn erfinden. Klare Sprache und sachlich unaufgeregte Formulierung. In den Medien wird viel zu selten klar und deutlich aufgeklärt. Der FOCUS ist eine der wohltuenden Ausnahmen. Die noch sehr kleine PDE versucht deutlich zu machen, dass sowohl die EU, als auch der €uro unsere Zukunft sind. Dazu hat Herr Henkel in Sachen €uro zwar eine etwas andere Bewertung, aber dann sollte er auch konsequenterweise in die Politik gehen, wo er dann auch Verantwortung und Haftung übernehmen muss. Das kennt er ja noch aus seiner

Zeit als Unternehmer. – Wenn wir uns der Schuldenhaftung verweigern, nützen wir dem europäischen Gedanken.

Mittwoch 17 Jul. 2013 14.43

**Berichte über U-Haft nach Razzia:
Mischte Franziska van Almsicks Partner in einem
Schmiergeld-Netz mit?**

Ausspähung - Das Sommerloch-Thema oder der Sturm im Wasserglas. Müsste man nicht auch den Staatsanwaltschaften das Handwerk legen? Die Ermitteln und Schnüffeln sogar berufsmäßig... Das war natürlich nur eine ironisch-scherzhafte Bemerkung. So ist sie nun mal, die Welt. Schutz vor Betrügereien, Ganoven & Co. gibt es nicht ohne Ausspähung. Für mich ist Herr Harder solange unschuldig, bis das Gegenteil bewiesen ist und ein Richter sein Urteil gesprochen hat. - Auch der Journalismus spioniert gern und späht aus. Das heißt dann investigativer Journalismus. Gut das alles so ist und wir eine freie Presse haben.

Mittwoch 17 Jul. 2013 17.39

**Defizite schrumpfen langsam -
Griechenland, Spanien, Portugal:
Die Euro-Sorgenkinder im Spar-Check**

Die Schuldenhaftung ist Gift für Europa - Die Idee hinter der EU und irgendwann auch den Vereinigten Staaten von Europa, ist wirklich ohne Alternative, es sei denn wir wollen im Wettbewerb zu China, Indien, Brasilien, den USA und anderen im Nationalismus untergehen. Auch der €uro ist gut und wichtig. Griechenland und andere schwache Staaten brauchen dringend ihre ehemalige Währung als Zweitwährung wieder. Die Schuldenhaftung muss beendet werden. Der Dollar funktioniert nur, weil kein amerikanischer Staat für den anderen haftet. Auch dazu gibt es keine Alternative. Jeder haftet für seine Politik.

27.07. -13:13

Bullenhitze / Heißer Wahlkampf

Eines muss man fairer Weise sagen, an der Bullenhitze sind die etablierten Parteien nicht schuld. In Sachen 'heißer Wahlkampf" hab' ich da mehr meine Zweifel. Schon seit Zeiten von Kanzler Konrad Adenauer heißt es immer wieder: Dies ist eine Schicksalswahl. Wenn ich dann aber täglich lesen, sehen und hören muss, dass sich wie die Kesselflicker über den Euro-Hawk gestritten wird und alle heuchelnd erschrocken sind, über die Arbeit vom NSA Geheimdienst und den Austausch von Daten mit dem Bundesnachrichten-Dienst und dem MAD, frage ich mich: "In welcher eigenen Welt leben unsere Abgeordneten ?!" Die Grünen veranstalten sogar in Magdeburg ein Aktionswochenende gegen die Totalüberwachung. Mal ehrlich: Haben Sie, verehrter Leser schon bemerkt, dass Sie ausgespäht werden? Wen interessiert auch schon, was Sie und ich so machen? 500 Millionen Daten - wenn dabei auch nur ein Terrorakt verhindert wird, hat sich die Sache schon gelohnt. Terroristen, Ganoven und Betrüger "arbeiten" lieber unerkannt mit Datenschutz. Übrigens: Die Geheimdienste arbeiten in aller Welt "geheim". Die meisten haben es "sicher" geahnt. Jetzt hat ein junger Mann seinen Arbeitgeber verraten und etwas ausgeplaudert, was ohnedies schon bekannt gewesen sein sollte; dafür sorgt schon die Presse Wer seine Daten schützen will, sollte sie keinem anvertrauen. Das wäre allerdings das Ende von Facebook, Twitter, Google & Co. Die Brieftaube stiege auf zu neuer Bedeutung.

Und zum Schluss noch drei wirkliche News: Die Stiftung Marktwirtschaft hat ermittelt, dass neben der offiziellen Staatsverschuldung von 2,07 Billionen noch 3,7 Billionen hinzu gerechnet werden müssen für künftige Staatsdefizite.(BILD) - Ich möchte erinnern an das politische Wirken der Monsterpartei CDUCSUSPDFDPGRÜNE in den vergangenen Jahrzehnten. Verfassungsschutz-Präsident Maaßen: "Es liegen keine Anhaltspunkte vor, dass die Amerikaner Daten in Deutschland abgreifen. Die meisten Server stehen ohnehin in den USA" (Die Welt).

**10 Tausende Lehrstellen im Handwerk sind noch unbesetzt
(ARD-Text) Ketzerische Frage: Zu dumm oder zu faul??**

Wir sollten uns um diese wichtigen Dinge kümmern: Eine florierende
Wirtschaft und Jobs, Altersversorgung, neues Steuersystem, Bildung, sozialer Wohnungsbau, Europa und den €uro und vieles
mehr. Dazu brauchen wir kein 100 Seiten Parteiprogramm, das sowieso keiner liest. Bei der PDE steht alles Grundsätzliche auf zwei
Seiten.

Donnerstag 18 Jul. 2013 13.31

**Ex-BDI-Chef im Interview: Henkel:
„Es ist der Euro, der Europa spaltet"**

Buchwerbung Henkel auf breiter Front. - Seit gestern habe ich meine Meinung zum €uro verändert, ‚dank Herrn Henkel', **auch wenn
er seine Dollar-Erkenntnis heute mit keinem Wort erwähnt. Eigentlich ist alles relativ einfach: Die EU und im Laufe der Jahre
auch Die Vereinigten Staaten von Europa, haben genau wie die
USA eine Einheitswährung, die den Dollar \$, wir den Euro €.
Kein amerikanischer Bundesstaat haftet für die Schulden des
anderen.** Alle 50 Bundesstaaten stehen im wirtschaftlichen Wettbewerb. Wer, wie ich ca. 75x in den USA war, das Land rauf und runter
kennt, weiß auch, ähnlich wie zu DM-Zeiten und heute im €uro-
Europa, dass es starke, regionale Preisunterschiede gibt. De facto
ist der €uro ein in ganz Europa anerkanntes Zahlungsmittel, selbst in
Ländern die nicht zur €-Zone zählen. Warum komplizieren wir immer
Alles ? Besserwisserei ?

18.07. − 19:05

Eigentlich gibt es zurzeit kaum Neuigkeiten....

Die Politik tut zwar geschäftig - ist immerhin der Beginn des heißen
Wahlkampfs - aber so richtig neu ...?! Merkel weit vor Steinbrück,
die SPD abgeschlagen - aber es bleiben ja noch die Koalitionen, die
auf keinem Wahlschein stehen, weil sie sich irgendwie schon erge-

ben - Hauptsache 'keine Verantwortung', wenn wir nicht vorankommen, war es immer der Koalitions"partner" - aber das ist auch nicht neu !!

Dieter Nuhr hat kürzlich, ich glaube bei Facebook verlauten lassen, dass "ein Geheimnis verraten worden ist, das jeder kennt", der Ohren hat zu hören, Augen hat zu lesen und ein intaktes Erinnerungsvermögen, füge ich hinzu.

In Syrien schlägt man sich im Für und Wider zur Regierung und unter Einbindung des Islam, weiter den Schädel ein und lasst gnadenlos Unschuldige und Kinder leiden. Russland sieht dabei nicht gut aus, um es vorsichtig zu formulieren. Die Türkei soll weiter nach Europa. Da fragt man sich, warum man überhaupt zur Schule geht, wenn die Politik aus Vorderasien Europa macht und die Geographie verändert. Griechenland macht 'Fortschritte' und will von 700 Tausend Staatsbediensteten tatsächlich 15.000 kündigen. Traurig für die Betroffenen, aber bedanken können die sich bei der Jahrzehnte lang dominierenden sozialdemokratischen PASOK, die den Beamtenapparat aufgebläht hat. In Frankreich ist "Holland"e in Not.

Der Cognac - Hersteller Remy Martin beklagt einen Umsatzeinbruch in China. Immerhin - Cognac in China, das hat was. Aber bald kommt die "Rettung" aus der EU. Wenn das mit der Schuldenhaftung so weiter geht, werden wir wohl alle unseren Unmut 'ertränken' müssen. Prosit - Santè - Cheers - Yamas - Serefe.

Freitag 19 Jul. 2013 12.34

Von Gebeten, Ehrlichkeit, Waffen und Moral ....

In diesen Tagen habe ich mich oft gefragt, wie steht es mit der Doppelmoral??

Eine Doppelmoral verdient natürlich auch doppelte Fragezeichen. Ist es moralisch zu vertreten, dass wir mit einem Land um den Beitritt zur Europäischen Union verhandeln, das gar nicht zu Europa gehört ? Verraten wir nicht unsere jüdisch-christlichen Wurzeln, wenn wir

Tor und Tür öffnen für ein Land mit islamischer Tradition? Damit wir uns nicht missverstehen: Ich stehe für Glaubensfreiheit, solange sie sich im Rahmen des Grundgesetzes bewegt und die Verhältnismä-ßigkeit gewahrt bleibt. Bevor wir eine Moschee nach der anderen genehmigen, sollte unsere Außenpolitik sich auch darum kümmern, dass Juden und Christen ihren Glauben in der arabischen Welt gefahrlos ausüben können. Salafisten, Sunniten und Schiiten müssen ihre Probleme anderswo klären. Deutschland ist die falsche Adresse. Nochmal: Auch die Freundschaft zur Türkei ändert nichts daran, dass sie kein europäisches Land ist. Ich gehöre zu einer Generation, die mit Bomben, Feuer und Krieg aufgewachsen ist. Kriege haben in der Welt eine lange und schreckliche Tradition Dafür steht auch ein altes Sprichwort: "Willst Du denn mein Freund nicht sein, schlag' ich Dir den Schädel ein." Ob einem das nun gefällt oder nicht: Waffen gehören zu unserer Sicherheit. Wer sie herstellt, sichert aber auch das Einkommen seiner Familie. Allein bei Krauss-Maffei-Wegmann betrifft das etwa 10.000 Menschen. Zurzeit wackelt ein Auftrag von reichlich 5 Milliarden € und damit auch ein Teil von Jobs.

Die PDE ist nicht eine Vereinigung von Träumern, sondern sieht die Dinge realistisch. Wenn wir in vielen Firmen Panzer, U-Boote, Gewehre und anderes Kriegsgerät nicht bauen, verändert sich auf der Welt nichts - nur in Deutschland: Arbeitsplätze werden gefährdet, Sozialkosten steigen und Steuereinnahmen sinken. In Frankreich, England, Russland, den USA und China, um nur die größten zu nennen, freuen sich andere.... Sie verdienen Geld und wir frönen der Doppelmoral. Viele träumen von einer besseren Welt. Ich träume mit, weiß aber: Es wird ein Traum bleiben.

Schluss mit HARTZ IV Ende der Dämlichkeiten - Solange sich grundsätzlich nichts ändert, wird weiter 'rumgedoktert'. Leider kennt kaum jemand das durchdachte und durchgerechnete Konzept der PDE Politik für Deutschland in Europa. Dort wird das Haushaltsgeld detailliert beschrieben. 1.200 / 1.500 €. Es ersetzt Hartz IV / ALG 2 / Wohngeld und andere Bürokratien. Es setzt auch Maßstäbe für eine Neuordnung des Rentensystems. Bevor jetzt wieder kommentiert wird, bitte erst ausführlich nachlesen - So wie jetzt kann es nicht weitergehen. Das ist sicher nicht meine Einzelmeinung.

22.07.13

Karl Jobig gratuliert den Japanern

Dieser Glückwunsch wird garantiert in Japan nicht wahrgenommen. In Deutschland sollte die Eindeutigkeit des japanischen Wahlergebnisses ein Anlass zum Nachdenken sein.
Der japanische Ministerpräsident Abe kann jetzt bis 2016, von der Opposition unbehelligt, schnell seine Politik umsetzen: Starke Wirtschaft - Starkes Japan. Dafür haben ihm die japanischen Wähler einen klaren Auftrag gegeben; selbst der Bau neuer, moderner Atomkraftwerke ist kein Tabu. Die nächste Wahl 2016 !
Dann sagen die Wähler wieder JA oder NEIN.

Und in Deutschland?: Die erste Meldung in den Nachrichten war dem Euro-Hawk gewidmet (Wurde der nicht bei Rot/Grün bestellt ?) Wenn die PDE in die Verantwortung kommt, wird die Bundeswehr in eine zu gründende Europa-Armee integriert. Nationale Armeen in Europa sind überflüssig und Geldverschwendung. - Erst auf Platz 2 kam die Nachricht von den steigenden Steuereinnahmen als sichtbares Zeichen starker Wirtschaft. –

Dieser Trend würde sich unter PDE fortsetzen, allerdings mit einer völlig neuen Steuerpolitik.- Auch die künstliche Aufregung um die Datenüberwachung war wieder Nachricht - an diesem Thema sind alle Etablierten der Monsterpartei CDUCSUSPDFDPGRÜNE beteiligt - der eine mehr, der andere weniger. So heikel dieses Thema auch ist - **Datenschutz schützt auch Ganoven, Betrüger und Terroristen.** Die ganz große Mehrheit hat andere Sorgen: Es geht um die EU und die Milliarden verschwendende Schuldenhaftung. Ich plädiere für eine EU und die Gemeinschaftswährung €uro; allerdings mit einem anderen Programm. Es geht um die Renten, die Steuern, die Gesundheit, die Bildung und vieles mehr. In den Medien ereifern sich aber der Anwalt Ströbele, Frau Kipping und Herr Gabriel als ob der Euro-Hawk und der Datenschutz die dringenden Themen sind.

27.07. – 14:47

PDE gratuliert den Wahlteilnehmern und stellt fest:
Die beste Partei ist (noch) nicht dabei!

Wir haben das Wahlrecht und seine Bürokratie unterschätzt. Viel einfacher, unbürokratischer und demokratischer wäre eine Einfach-Lösung: Der Wahlschein erhält unten eine freie Spalte für den Namen eines Kandidaten sowie einer Gruppierung, die individuell von den Wählern eingesetzt werden kann. Warum muss ich eigentlich in ein Wahllokal? Die Briefwahl sollte obligatorisch werden. Die Wahlbenachrichtigung erhalten wir sowieso mit der Post; warum nicht mit gleicher Post die Briefwahlunterlagen. Das spart viel Geld: Wahllokale werden überflüssig – wer am Wahltag dann doch noch wählen will, weil er die Briefwahl verpasst hat, muss sich in sein Bezirksamt oder Rathaus bemühen, wo ein Notdienst auf ihn wartet. Nachteil: Ein Endergebnis wird dann wohl erst im Laufe des Montags feststehen. Der Vorteil: Die Damen und Herren Wähler werden nicht durch ein System mit Fristen gegängelt. Aber so ein Vorschlag gehört wohl in das 'Reich der Träume' –

Dem überwiegenden Teil von Regierung, Opposition und Verwaltungen mangelt es an Phantasie und Kreativität. Es gibt noch viel zu regeln - nicht durch Menschenverstand, sondern durch mehr Paragraphen ... (Zynismus)

Jetzt ist es eben so, wie es ist. Irgendeine Kombination aus CDU/CSU, SPD, FDP und Grüne kommt zustande, möglicherweise von 'Die Linke' unterstützt, von einer AfD verhindert oder beeinflusst von 'Freie Wähler' und Piraten. Insgesamt kommen 'Andere' wohl über die 5% Hürde, was ihnen nicht nützt. Kommt noch der Faktor "Höhe der Wahlbeteiligung in Prozenten" hinzu. Aus dieser Mixtur entsteht das eigentliche Ergebnis. Auf keinem Wahlschein steht eine der Koalitionsmöglichkeiten. Gibt es keine absolute Mehrheit, dann regiert wieder eine Kombination, die der Wähler so möglicherweise nicht gewollt hat. Wir leben mit "faulen Kompromissen".

Dienstag 30 Jul. 2013 11.31

**Gastautor beklagt „konfuse Debatte":
Thilo Sarrazin gegen das Pro-Soli-Kartell**

Soli hin - Soli her - Der ganze steuerpolitische Mist reicht schon lange nicht mehr zum Düngen der Wirtschaft. Es gibt nur eine Partei, die leider noch nicht auf dem Wahlschein steht, die 72.000 Steuervorschriften und Gesetze entmüllen will, die das Steuersystem vereinfachen will zu 10/20/30%, die MwSt zu 5% / 20 / 25%, die Krankenkassen umkrempeln von 144 Gesetzlichen Kassen zu AOK + 2, die im Laufe der Jahre das Rentensystem umkrempelt und den Staat vor einer Katastrophe bewahrt, sich auf den Weg begibt zu den Vereinigten Staaten von Europa ohne Schuldenhaftung, die Abschaffung der Nationalen Armeen zugunsten einer Europa-Streitmacht der 500 Tausend. Europa ist stark im Wettbewerb seiner Mitgliedsländer. Die PDE und das durchgerechnete Programm kennt nur kaum jemand. Das ist das Problem.

Dienstag 30 Jul. 2013 12.50

**Euroraum am Rande des Abgrunds: Star-Ökonom Galbraith:
„Europa ist seinem Zusammenbruch näher als der Lösung"**

Na und Herr Professor Galbraith ...Wikipedia belehrt mich über Ihre Karriere als "Cheftheoretiker": Viel Grundsätzliches, viel Räsonieren, kluge Vorschläge und für nichts haften. Ihre Grundlage: Diverse Studien, Polit-Berater Karriere in Washington. Was fehlt: Praktische Erfahrung in der Wirtschaft. Europa, die EU und der €uro im Speziellen dürfen nicht kaputt geredet werden. Was fehlt ist ein Politikwechsel. Eine EU und im Laufe der Zeit auch die Vereinigten Staaten von Europa -OHNE SCHULDENHAFTUNG- das funktioniert seit Ewigkeiten in den USA, Herr Professor. Der €uro ist wie der Dollar eine Gemeinschaftswährung. In einer Übergangszeit können schwache EU-Staaten durchaus ihre alte Währung als Zweitwährung wieder einführen. Ein Europa / eine Währung mit Ausnahmen

Mittwoch 31 Jul. 2013 12.39

Brutto-Netto-Rechner: Was 2013 vom Gehalt übrig bleibt

Ein Beleg für Steuerwahnsinn ...Diese Fleißarbeit von F.O.-Redakteur Harald Kuck macht deutlich, dass endlich ernst gemacht werden muss, mit der Entmüllung von unserem Steuersystem. Es ist abartig, dass es zu einem Beschäftigungsprogramm für Finanzamts-Mitarbeiter, Fachanwälte und Steuerberater mutiert ist. Der Staat gibt ohnehin viel zu viel für den 'Selbstzweck' aus. Bürokratie verhindert weitere Steuereinnahmen, weil die Wirtschaft insgesamt viel Geld und Zeit für die "Bedienung von Bürokratie" ausgeben muss. Geld, das an anderen Stellen fehlt. - Egal wie die Wahl ausgeht: Ein Politik-Wandel ist überfällig - schon bei Neuwahlen...

Bundestagswahlen 2017 – Ich nehme Wetten an. Egal wer gewinnt und wie es sich zurecht ruckelt. Wir wählen früher – schon 2014??

Mittwoch 31 Jul. 2013 15.28

Kürzungspläne in der Führungsetage:
Zwei Commerzbank-Vorstände sollen gehen

Augenmaß und Anstand bewahren...
Die Commerzbank steht unter besonderer Beobachtung. Wenn jetzt wieder mit Millionen 'um sich geworfen' wird, darf man an die Verantwortung der Aktionäre erinnern. Wir alle, mit Ausnahme der Aktionäre, sind nicht Besitzer der Bank. Wir dürfen nur den Kopf schütteln und gegebenenfalls die Commerzbank mit Verachtung strafen - aber ob das was nützt...??? Das Gleiche gilt auch für die Ablösung des Herrn Löscher bei SIEMENS.

Wenn tatsächlich wieder Millionen fließen, sollten die Wähler ihre Macht ausspielen – keine Konten bei der Commerzbank und keine Produkte von Siemens. Die Tragik dieses Vorschlags: Gehen die Geschäfte zurück, leben die Vorstände ‚Ihr' Geld und Mitarbeiter verlieren ihren Job. – Also, Herr Jobig – das war ein schlechter Vorschlag... (Ja und Nein)

Donnerstag 01 Aug. 2013 10.32

**Niedrige Geburtenrate:
Eigene Kinder sind vielen Deutschen einfach zu teuer**

Zu wenige Kinder - zu viele Egoisten ???!!! – Laut BAT-Studie (Focus-Online/ ARD-Text) ist das Kinderkriegen zu teuer. Ein hoher Prozentsatz bemängelt hohe Kosten, hat Angst vor dem Verlust der Unabhängigkeit und Sorge vor einem Karriere-Knick. Kinder aus Berechnung und Abwägung / Mit einem Wort: Hoch lebe der Egoismus! Die Kinder kriegen nach dieser Logik Menschen, die sich eigentlich keine "leisten" können, Menschen denen die Unabhängigkeit egal ist und die keine Sorgen um einen 'Karriere-Knick' haben. Das Erschütternde: **In diesen Studien kommt das Wort LIEBE überhaupt nicht vor** - es kann einem schlecht werden...Vielleicht hat Sarrazin doch recht: Deutschland schafft sich ab...?!

Der Autor ist Vater eines Sohnes, der aus Liebe in die Welt gesetzt wurde. - Danke Jeannine.

Donnerstag 01 Aug. 2013 10.58

**Finanzminister Söder platzt der Kragen: „Große Sauerei":
Bayern muss noch mehr für den Länderfinanzausgleich zahlen**

Länderfinanzausgleich / Schuldenhaftung - Das Wort 'Länderfinanzausgleich' ist eine bürokratisch 'angenehme' Umschreibung der Schuldenhaftung. Wir müssen langfristig im flächenmäßig kleinen Deutschland die 16 Geld verschlingenden Landesregierungen abschaffen. Damit entsteht auch ein einheitliches Schulsystem. Städte, Dörfer und Gemeinden müssen in ihrer Verantwortung gestärkt werden. Das erfordert den Umbau des Steuersystems. Stadt- und Gemeinderäte erhalten einen selbst zu verantwortenden Haushalt. Die derzeitige 'Bundesländer - Kleinstaaterei' ist ein Überbleibsel aus der Zeit von Königen, Herzögen und Fürsten. Geld soll sinnvoller ausgeben. Was sinnvoll ist, entscheiden dann Persönlichkeiten mit dem Votum von Wählern vor Ort.

Donnerstag 01 Aug. 2013 12.19

Steueraffäre um Uli Hoeneß: So hart ist „Richter Gnadenlos"

Hinweis für "Richter Gnadenlos" - Mein Rechtsempfinden ist erst wieder hergestellt, wenn endlich eine Anklage erfolgt gegen die Hehler Borjans und Dr.Kühl, die in ihrer Eigenschaft als Länderfinanzminister Steuergelder veruntreut haben, um geklaute Steuer-CDs zu kaufen. Damit wir uns nicht missverstehen, auch der Steuerbetrug ist ein Delikt. In einem Rechtsstaat sollte man sich hüten, am Steuerzahler Uli Hoeness ein Exempel zu statuieren. Wer den Mann einsperrt, sollte bedenken, dass U.H. kein Steuerflüchtling ist, dem Staat hunderte von Millionen Steuern bezahlt hat - und immer noch in Deutschland lebt und ein Unternehmen führt. Wer kümmert sich um die Millionenfache Steuerverschwendung des Staates.
Für's katholische Bayern:"Wer ohne Schuld ist, der werfe den ersten Stein". Ich setze auf die Weisheit von Richter Heindl.

Freitag 02 Aug. 2013 11.00

„Vier Jahreszeiten" in München:
Zschäpe-Anwälte wohnen und feiern im Luxus-Hotel

Übernachtungskosten ? Das Problem liegt woanders: Warum müssen Pflichtverteidiger aus Berlin und Köln anreisen? Gibt es in München keine qualifizierten Anwälte? Die Handhabung dieser Angelegenheit, ist ein weiterer Beweis für die abgehobene Welt der Bürokratie. Wer interessiert sich noch für den "Gesunden Menschenverstand", wenn es Paragraphen gibt???

Freitag 02 Aug. 2013 11.36

Erika Berger über Internet-Sex:
„Online gibt's Leute, die einen nur ins Bett zerren wollen"

Allein im Bett hat viele Vorteile. - .Liebe Erika, wir kennen uns aus Hamburger-Zeiten seit rd.40 Jahren. Das können NSA, PRISM und alle Geheimdienste gern zur Kenntnis nehmen, wohl wissend, dass das niemanden interessiert. Sex ist eine wunderbare Sache - ich bin seit über 40 Jahren verheiratet und schnarche gewaltig, wobei das Schnarchen wohl von Frauen erfunden wurde. Ich habe mich noch nie beim Schnarchen erwischt ... Das eigentliche Schlafen geht in getrennten Betten erholsamer und somit besser.

02.08.13 – 12:17

Was nützt die schönste Schulpflicht ohne Schulabschluss??
Bin ich mit '18' wirklich volljährig??

Die 1.Antwort: Nichts - Die 2.Antwort: Nicht automatisch - Der Problematik Schulabschluss / Volljährigkeit ist nicht mit Automatismen beizukommen. **Der Konstruktionsfehler bei der Schulpflicht ist leicht zu beheben: Volljährig wird jemand nicht weil die '18' erreicht ist, sondern nur, wenn sie oder er einen Schulabschluss nachweisen kann und zudem den Nachweis erbringt, dass sich um eine Lehrstelle oder ein Studium bemüht wird. In einem Punkt gibt es allerdings eine automatische Grenze: Mit '16' endet das Jugendstrafrecht.** - Aber wie ich mein Deutschland und seine Juristen kenne, ist das sicher wieder zu einfach..

Sonntag 04 Aug. 2013 11.11

Spionage-Affäre:
NSA soll massenhaft Metadaten vom BND erhalten haben

Mir hängt das Thema zum Hals raus...Dass spioniert wird, wusste ich auch ohne Herrn Snowden. Alle bedeutenden Länder dieser Welt haben Geheimdienste. Vorratsdatenspeicherung wurde sogar unter Rot/ Grün praktiziert. Schufa & Co Dutzende Auskunfteien und Privatdetektive verdienen mit "Durchleuchten" ihr Geld. Wer heikle Daten ins Netz stellt, muss damit rechnen, dass andere darauf zugreifen. So ist sie nun mal geworden, unsere schöne Welt... Totale Netzsicherheit, totaler Datenschutz: Darauf freuen sich Rechtstheoretiker, Ganoven, Betrüger und Terroristen. Die ganz große Mehrheit der Menschheit gehört nicht zu dieser Gruppe. Sie will in Frieden leben. Ich plädiere für mehr wirklich interessante Themen.

OK, die PDE steht 2013 noch auf keinem Wahlschein. Aber neidisch auf die doppelseitige Gysi-PR bin ich trotzdem. Die kleine LINKE kann zum 'Zünglein an der Waage' werden, selbst wenn ROT / GRÜN / ROT auf keinem Wahlschein angeboten wird. Das gleiche gilt für andere Koalitionen. Sie ergeben sich alle aus den Zufälligkeiten des veralteten Wahlrechts. Der Sieger einer Wahl ist noch lange nicht der Sieger, sondern unter Umständen eine Mischung von Zweit- Dritt- und Viert-Platzierten. Hier spielt Politik nur noch eine Nebenrolle - Entscheidend ist die Mathematik mit Addition und Prozent-Rechnen. Die wichtigste Rolle spielen in diesem Zusammenhang, man lese und staune, die Nichtwähler. --

Wenn in der WamS im Zusammenhang mit dem Saarland und der Bundes internen Schuldenhaftung -genannt: Länderfinanzausgleich- die Notwendigkeit einer Länderfusion ins Spiel gebracht wird, freue ich mich. Langfristiges Ziel meiner Politik: Schluss mit den Geld verschlingenden Landesregierungen. Auf einer Fläche halb so groß wie Texas, leisten wir uns 16 Landesregierungen mit riesiger Verwaltung. Besser sind starke Kommunen, Städte, Dörfer und Gemeinden in Eigenverantwortung. Bildung ist Bundeskompetenz. Landesgeheimdienste sind Blödsinn. Öffentlich-rechtliche Sparkassen, genossenschaftliche Volks- und Raiffeisenbanken reichen völlig aus. Landesbanken kosten viel Geld und bringen nichts.

Sonntag 04 Aug. 2013 11.11

**500 Millionen Metadaten im Monat:
BND leitet massenhaft Daten an NSA weiter**

Mir hängt das Thema zum Hals raus...
Dass spioniert wird, wusste ich auch ohne Herrn Snowden. Alle bedeutenden Länder dieser Welt haben Geheimdienste. Vorratsdatenspeicherung wurde sogar unter Rot/ grün praktiziert. Schufa & Co Dutzende Auskunfteien und Privatdetektive verdienen mit "Durchleuchten" ihr Geld. Wer heikle Daten ins Netz stellt, muss damit rechnen, dass andere darauf zugreifen. So ist sie nun mal gewor-

den, unsere schöne Welt... Totale Netzsicherheit, totaler Daten-schutz: Darauf freuen sich Rechtstheoretiker, Ganoven, Betrüger und Terroristen. Die ganz große Mehrheit der Menschheit gehört nicht zu dieser Gruppe. Sie will in Frieden leben. Ich plädiere für mehr wirklich interessante Themen.

Dienstag 06 Aug. 2013 14.47

**Bayerns Justizministerin zufrieden:
Mollath kommt aus Psychiatrie frei**

Ich freue mich für Gustl Mollath ... und beglückwünsche das OLG Nürnberg, das bewiesen hat, dass es neben Paragraphen auch noch so etwas gibt, wie **gesundes Rechtsempfinden....**

Dienstag 06 Aug. 2013 15.01

**Schuldenerlass und Euro-Zerfall:
Diese Grausamkeiten verschweigt die Politik**

EU und ein vereintes Europa ...
Wir dürfen uns diese in die Zukunft weisende Politik nicht von klein-karierten Politikern und nationalistisch eingestellten Personen kaputt machen lassen. Die von mir gegründete PDE hat dazu ein klares Konzept. Wer die Augen aufmacht, kann so einiges bei den USA abschreiben: Eine Sprache, eine Währung, keine Schuldenhaftung. Zugegeben, auch in den USA ist lange nicht alles Gold, was glänzt. Ich kenne das Land rauf und runter und weiß, wovon ich rede. In Sachen Sprache werden die EU und später Die Vereinigten Staaten von Europa VSE einen kulturellen Vorsprung haben:

Die Zwei-Sprachigkeit Landessprache + Englisch. In Europa und im Kontakt zu den USA reden wir nicht mehr aneinander vorbei. - Wir dürfen die EU nicht im Stich lassen, wir müssen sie herausfordern. EU und €uro JA - nur anders.

Mittwoch 07 Aug. 2013 16.13

**Staatliche Förderung reißt es 'raus –
Trotz Niedrigzins: Für wen sich ‚riestern' noch lohnt**

Auf die Gefahr, dass mich einige für verrückt halten...
Dass mit den Niedrigzinsen ist eine hochpolitische Angelegenheit.
Private Banken sollen tun und lassen, was sie wollen und gegebenenfalls auch für eine Pleite haften. Das muss ihre Kundschaft wissen. - Beim öffentlich-rechtlichen System der Sparkassen und bei den genossenschaftlichen Volksbanken Raiffeisenbanken, sieht das allerdings anders aus. Wer für Niedrigzins Geld bei der EZB einkauft, darf im Fall der Vergabe von Darlehen, oder auch bei Überziehungen maximal einen 300%igen Aufschlag berechnen - also 3%. - Wer die Kundschaft veranlasst, das Sparvermögen oder Lebensversicherungen für mindestens 15 Jahre der Institution anvertraut, muss dafür mit 5% belohnt werden. Das geht, man muss es nur wollen -

Donnerstag 08 Aug. 2013 11.16

**Aktionäre segnen Rettungsplan ab:
Solarworld wendet Gefahr einer Insolvenz vorerst ab**

SONNE/SOLARWORLD/POLITIK
'Energieverbrauch ist immer - Sonne und Wind, leider nicht' ist ein Slogan der PDE. Dahinter steckt ein klares Bekenntnis zum Ideologiefreien ENERGIEMIX - Sonne und Wind eingeschlossen. Eigentlich alles ganz einfach, wenn die Politik mehr von der Sache verstünde. Ich vermeide, ein 'Klugscheißer' zu sein, weil ich mich bei Fach-Ingenieuren und Fach-Wissenschaftlern informiere. - Speziell SOLARWORLD und alle die mit der Nutzung von Sonne ihr Geld verdienen: Wir brauchen kein EEG, sondern ernsthafte Anstrengungen, auf Dächern geeigneter Gebäude, Solar/Photovoltaik als Ergänzung zu installieren. Das löst einen gewaltigen Schub bei den Herstellern aus, bringt Arbeit für neue Handwerksbetriebe, beflügelt den Handel. Wenn dann noch die Kreditwirtschaft 'mitspielt', wäre viel gewonnen.

Donnerstag 08 Aug. 2013 11.47

Rauchen,Saufen,Doping – Mitautor der Dopingstudie klagt an: Bundesinstitut soll brisante Doping-Unterlagen geschreddert haben

Alles Extreme ist nun mal ungesund. Ein bisschen Rauchen -na und-, Trinken in Maßen, ist besser als in Massen, Traubenzucker ist eines der ältesten Doping-Mittel. Wer sich mit einem zu viel an Rauchen, Alkohol-Konsum und Doping umbringen will - wer will das Verhindern? Der oberschlaue Gesetzgeber??? - Der hat schon viel verboten und....

Das Aufklären beginnt schon zuhause, was aber dann, wenn dort die schlechten Vorbilder sind? - Irgendwie müssen wir uns den Problemen stellen - eine Welt von 'Gut-Menschen' wird es nie geben - das gelingt ja noch nicht mal in Deutschland.

Donnerstag 08 Aug. 2013 14.01

**Obama versetzt Putin:
Droht der Welt jetzt ein neuer Kalter Krieg?**

Selten etwas so kluges gelesen...!!!
Den Schluss-Satz würde ich abändern: Die USA und Russland sollten über ihre gegenseitige Politik weiter nachdenken. - Die große Mehrheit der Menschheit, will sicher in Frieden leben. –

Der Satz: "Und willst Du denn mein Freund nicht sein, dann schlag' ich Dir den Schädel ein..." gehört auf den Müllhaufen der Zivilisation

Donnerstag 08 Aug. 2013 17.10

**Mehr Geld oder mehr Maloche?
Löhne, Leiharbeit, Minijobs: Das haben die Parteien mit
Deutschlands Jobbern vor**

Es hat sich was verändert bei der Arbeit.. Karrieren, die von der Lehre über die Berufsjahre in die Rente führen und das möglichst noch bei einer Firma, sind auf dem Rückzug. Da hilft alles Lamentieren nicht. Auf diese Situation müssen sich alle einstellen. Arbeitnehmer sind ohnedies in einer Sonderrolle, die Ihnen Kraft gibt. Unternehmer können nicht ohne sie. Sie sitzen im gleichen Boot und können nur erfolgreich sein, wenn sie auch im gleichen Rhythmus rudern Der Schlagmann (der Chef) gibt den Takt an und behält das Ganze im Auge. Im Sport gewinnt man. In der Wirtschaft werden Gewinne erzielt. Im Sport gibt es einen Pokal oder viel Applaus.
In der Wirtschaft sollte die Gewinnbeteiligung zur Regel werden. Hohe Kosten sind Gift für die Gewinne. Wirtschaft funktioniert relativ einfach.

Donnerstag 08 Aug. 2013 18.05

ESM könnte für Deutschland noch teurer werden:
Bund haftet schon mit 86 Milliarden für Euro-Rettung

Haften heißt noch nicht zahlen...
Meine Freunde von der PDE und ich bleiben dabei: Wir dürfen uns die EU und den €uro durch die Politik nicht kaputt machen lassen. Das langfristige Ziel der Vernunft: Die Vereinigten Staaten von Europa VSE. Die USA bestehen aus 50 Bundesstaaten, mit einer Währung. Das funktioniert nur ohne den von Anfang an praktizierten Wettbewerb - GANZ OHNE SCHULDENHAFTUNG.

Die Schuldenhaftung ist die Wurzel des Übels - ein Wort wie Länderfinanzausgleich (elegante Umschreibung von Schuldenhaftung) steht in keinem Wörterbuch. Einem Amerikaner, ich hab's versucht, kann man das auch nicht erklären. Mit der Schuldenhaftung, geht das nicht mehr lange gut. - Das Europa der Zukunft ist Zweisprachig, haftet nicht für die Schulden anderer und falsche Politik. Nur so, ohne Nationalismus, haben wir eine Zukunft.

Noch eine Anmerkung: Haben wir mit dem Länderfinanzausgleich nicht die Schuldenhaftung erfunden? NRW arbeitet derzeit an der detaillierten Umsetzung von Plänen, wie schwache Kommunen durch die stärkeren gestützt werden? Sind an den Schulden nicht meist falsche Politik und zu hohe Ansprüche schuld? Fragen sich die Besseren nicht, warum sie für Fehler anderer zahlen müssen...??

Freitag 09 Aug. 2013 12.45

**Kommunen verlieren Geld - Zensus zeigt:
Das sind deutsche Schrumpf-Städte**

Die Kleinen Wachsen - Die Großen schrumpfen. Bei den Städten ist es wie im Leben - auch wenn die Gründe andere sind.

Freitag 09 Aug. 2013 19.33

**Offshore-Anlage ohne Stromleitung:
So viel zahlen die Stromkunden für den Diesel-Windpark -
off-shore Windparks sind teurer Quatsch !**

Wer sich off-shore Windparks ausgedacht hat, hätte mehr Energie aufbringen müssen. Da werden millionenschwere Anlagen ins Meer gesetzt, Millionen in Kabel investiert und beim Erreichen der Küste "stellt man überrascht fest", dass da weder Großstädte noch Industrie-Anlagen sind. Die Kabel-Industrie und die Mastenbauer freut das natürlich und in Konsequenz erfreut es auch die Rechtsanwälte. Das Klage-Geschäft feiert Konjunktur. Wer will schon Überlandkabel über sein Haus oder sein Grundstück. Und noch eine 'Kleinigkeit' - Die ersten 'Vogel-Schredder-Maschinen' werden in den nächsten 10 Jahren umfallen. Das nennt man Kolk-Effekt. – Ich stehe zum vielfältigen ENERGIEMIX, der Deutschlands Energieversorgung langfristig und bezahlbar sichert. Kurze Kabelwege zum Verbraucher.

09. August 2013

Etwa 250 Tausend Sozialwohnungen fehlen!

Dem Vernehmen nach fehlen in Deutschland rund 250 Tausend Sozialwohnungen. Hier dokumentiert sich das Versagen von Politik

und Verwaltung. In beiden Sparten mangelt es an Kreativität. Das hat seine Gründe in der Paragrafen-Hörigkeit. Den Satz "Das geht nicht aus rechtlichen Gründen", sollte man aus der deutschen Sprache streichen. Da halten wir es lieber mit einem Werbeklassiker der Autobranche in leicht abgewandelter Form:
"Nichts ist unmöglich - PDE" - Der Soziale Wohnungsbau muss wieder in Schwung kommen. Lösung des Problems: Bauen - Bauen - Bauen; allerdings nicht durch den Staat. Der verrechnet sich zu gern. - Der Staat schreibt die Entwicklung, den Bau und die Vermietung an Leistungsstarke Partner aus, die wiederum garantieren für mindestens 20 Jahre die festgesetzte Sozialmiete. Damit die Sache für den Investor auch zum Geschäft wird, gibt der Staat für die Vertragslaufzeit einen Steuerrabatt von bis zu 25%. Sollten die Nebenkosten bei der Sozialmiete steigen, wird das durch den Steuerrabatt und nicht durch Mietsteigerung ausgeglichen.

Schluss-Satz: Das Problem muss schnellstens erledigt werden.
Die nächste Regierung kann bei uns abschreiben und die Sache umsetzen.

Was nützt die schönste Schulpflicht ...ohne Schulabschluss??...

Samstag 10 Aug. 2013 12.32

Rassismus in Zürich:
Verkäuferin will Oprah Winfrey Tasche nicht verkaufen

Ausländer und Rassismus...
Dass eine Verkäuferin Oprah Winfrey nicht den Kauf einer teuren Handtasche zutraut, ist das Problem dieser Verkäuferin. Frau Winfrey kennt in Mitteleuropa ohnehin kaum jemand. Daraus eine Schweizer-Rassismus-Debatte zu entwickeln ist völlig überzogen. Mich würde interessieren, was Tina Turner dazu sagt, die bekanntlich seit Jahren in der Schweiz lebt. Grundsätzlich: Dass ein kleines Land wie die Schweiz unterschwellig Angst vor Überfremdung hat, ist nachzuvollziehen, selbst das weit größere Deutschland hat da ja zuweilen Probleme. Ich erkenne jeden an, solange er sich anständig

benimmt. - 80 Millionen Deutsche werden bei Grenzübertritt automatisch zu Ausländern, so wie Milliarden anderer auch.
Samstag 10 Aug. 2013 12.59

Grüne bekommen weniger als Marxisten:
CDU im Wahlkampfjahr Königin der Großspenden

Wer spendet, sündigt nicht.../ Werbung kostet... Politische Angebote, der Hinweis auf Leistungen, die Versprechen für die Zukunft, sind nur schwer ans "Wahlvolk" zu bringen. Einige, wenige Großplakate an Verkehrs-Brennpunkten sollten ausreichen. Der Schilderwald an den Straßenrändern ist eher abstoßend. Speziell in den Wochen vor einer Wahl informieren sich Interessierte wohl anders. Nachrichten, Internet, Tageszeitungen und der Briefkasten liefern reichlich Information. An der Plakat-Werbung sieht man deutlich, wie oft 'platt' Parteiwerbung ist: Wenig Kreativität ist bezeichnend für das Polit-Angebot. – Meine Freunde und Ich, möchten den Typ "Berufspolitiker" abschaffen und dafür sorgen, dass unser Land nicht von einer Minderheit aus Öffentlichem Dienst und Anwälten gegängelt wird. .

Samstag 10 Aug. 2013 13.16

Kauder schadet CDU und sich selbst:
Ein schlechter Verlierer ist selten mehrheitsfähig

Frau Fietz, einen Aspekt haben Sie nicht betrachtet - **Siegfried Kauder hat immer großartige Wahlergebnisse für die CDU erzielt.** Nach wie vor sollten Wahlergebnisse zählen und nicht parteiinterne Querelen. Was macht Siegfried Kauder? Er stellt sich seinen Wählern, die wohl seinen 'eigenen Kopf' bisher geschätzt haben. - Ich bin nach Jahrzehnten aus der CDU ausgetreten, auch weil ich weiß, wie auf Nominierungs-Partei-Versammlungen gekungelt wird. Was jetzt in Villingen-Schwenningen abläuft ist Demokratie pur. Die CDU präsentiert einen neuen Kandidaten. Herr Kauder stellt sich nochmal zur Wahl - na und.. Am Abend des 22.09. sind alle schlauer und dann hat die von mir geschätzte Martina Fietz recht oder nicht

Sonntag 11 Aug. 2013 12.12

Ehemaliger Chef des Kanzleramts:
Steinmeier gab Chinas Geheimdienst Millionen –
um Nordkorea zu belauschen

So was, kommt von so was....
Wer die 'Geheimnis-Debatte' vom Zaun gebrochen hat, wird spätestens jetzt zur Kenntnis nehmen: Das war ein Selbsttor. - Herr Snowden hat etwas öffentlich gemacht, was eigentlich hätte bekannt sein
müssen. In meinen Augen ist er kein 'Held' sondern ein Wichtigtuer.
- Verzichten wir doch völlig auf Geheimdienste, wenn vorher Ganoven, Betrüger und Terroristen schriftliche Erklärungen abgeben, wonach sie zukünftig ihre Untaten transparent diskutieren, offen vorbe-
reiten und durchführen....

Sonntag 11 Aug. 2013 12.23

Wahlblog der Hertie School: Forscher sagen voraus:
Union und FDP erreichen bei der Wahl exakt 47,05 Prozent

Wozu wählen wir eigentlich noch....???
...wenn Forscher und Befrager sowieso schon alles wissen. Ich weiß
nur eins, wenn die PDE erst einem großen Publikum bekannt ist,
wird sie die Volkspartei der Zukunft - leider noch nicht diesmal. Warum das so ist, erfährt man über das Internet und als aufmerksamer
Leser von Focus-Online. Dringend nötig: Die Änderung des Wahlrechts das erlaubt, dass wir, bezogen auf unsere Einwohnerzahl,
eines der größten Parlamente der Welt haben.
Wir geben ein Vermögen aus für den Selbstzweck.

Montag 12 Aug. 2013 12.50   **- Konsumlust/Niedriglohn**

Zwei Begriffe, die nicht zusammenpassen. Ein Aspekt kommt bei
der Sache zu kurz: Bei der Einstellung müssen sich Arbeitgeber und
Arbeitnehmer einig werden. Der eine sagt, was er bieten kann und
der andere sagt, ob ihm das reicht. – Das Geld aus dem Hauptjob
reicht oft nicht...Da hat sich so einiges in der Arbeitswelt völlig ver-

ändert. Das mag man bedauern, ist aber Tatsache. Preise dürfen nicht steigen – Kosten müssen niedrig bleiben. Das ist die Krux. Im Niedriglohn-Bereich führt an einer Aufstockung durch den Staat nichts vorbei und eine Schande ist es auch nicht. Auch Mehrfach-Jobs können eine Lösung sein. Hauptsache: Arbeit. Die nicht zur Wahl stehende PDE hat mit dem Haushaltsgeld eine völlig andere und moderne Politik entwickelt.

Dienstag 13 Aug. 2013 12.16

De facto ist der €uro ein in der ganzen EU anerkanntes Zahlungsmittel. Der Fehler im System ist die Schuldenhaftung. Warum schreiben wir nicht einfach bei den USA ab. 50 Bundesländer / ein Dollar. Versuchen Sie mal, einem Amerikaner Schuldenhaftung oder Länderfinanzausgleich zu erklären. Er versteht sie nicht oder denkt sie sind verrückt. – Ich plädiere seit über einem Jahr für die Möglichkeit einer Zweitwährung in Ländern wie Griechenland. Es sind ohnedies nur 18 Länder in der €uro-Zone. Die andern 10 haben eine Zweitwährung. Das funktioniert völlig geräuschlos. Es ist höchste Zeit für Die Vereinigten Staaten von Europa. Wer zweifelt, soll sich einen Globus anschaffen oder die Weltkarte genauer betrachten. Das kleine Deutschland gegen den Rest der Welt ???

13.08.13 – 20:59

Menschen mit Zweitjob / Autor: Rainer Zschögner
(ein Facebook Artikel , von dem ich mir das Kopierrecht gesichert habe)

Wohin führt der Weg? Ins Abseits, oder bleibt es bei der so genannten sozialen Marktwirtschaft? Seit Jahren ebnet die Bundesregierung den Weg für Minijobs, Niedriglohn, Leiharbeit und duldet, dass Menschen von ihrer Arbeit nicht mehr leben, sondern nur noch überleben können. Aber auch nur, mit dem angesprochenen Zweitjob. Der Vieldiskutierte flächendeckende Mindestlohn wird nicht kommen, weil JEDER weiß, Lohn verursacht Kosten. Kosten die sich in den Preisen niederschlagen. Damit verteuert sich Ware oder Dienstleistung. Die Kaufkraft, gerade in den unteren Einkommensschichten sinkt, damit wird auch weniger gekauft. Der Run auf Zweit- und Drittjobs wächst.

Was wir brauchen ist einen gesunden Mittelstand, Arbeitgeber UND Arbeitnehmer für eine florierende Wirtschaft.
Einige Firmen in Deutschland haben das mittlerweile verstanden. Sie binden Mitarbeiter und stabilisieren Ihre Kosten. Sie gehen weg von höheren Löhnen, hin zur Firmenbeteiligung. Arbeitnehmer erhalten Sonderzahlungen aus dem Firmengewinn. Damit ändert sich einiges: Das Unternehmen sichert sich die gut ausgebildeten Arbeitnehmer in der Firma. Die Arbeitnehmer sind dafür bemüht, dass es der Firma so gut wie möglich geht, damit der Gewinn und damit Ihre Sonderzahlungen steigen. Jetzt aber davon zu sprechen, Menschen nutzen den Zweitjob, um Ihre gestiegene Kauflust zu befriedigen, ist der falsche Ansatz und tritt all die mit Füßen, die den Zweitjob zum Überleben brauchen. Hier ist die Politik gefragt. Deshalb, bin ich Mitglied der PDE, Politik für Deutschland in Europa. Mir ist das ständige Meckern zu wider und zu einfach. Wer meckert sollte auch den Mut haben, verändern zu wollen, denn meckern ändert nichts. Lösungen und Antworten sind gefragt. Im Augenblick sind wir dabei, die Gesellschaft zu spalten: Die Einen werden ins finanzielle Abseits gedrückt, die Anderen geraten unter Druck, weil Sie nicht zu denen im Abseits gehören wollen. Wenn in dieser, unserer Gesellschaft, nur noch Leistung zählt, dann gehört aber auch dazu, dass sich Leistung lohnt, für Arbeitgeber UND Arbeitnehmer. Einer kann ohne den Anderen nicht. Also, nicht diejenigen mit Füßen treten, die ihre Familie ernähren müssen - die früh die Zeitung austragen, dann Ihre Kinder zur Schule bringen, danach in einer Arztpraxis putzen gehen, am Nachmittag mit Ihren Kindern Hausaufgaben machen und abends Büros reinigen. „Arbeit schändet nicht", hat meine Mutter mal gesagt....

Es gibt eine Partei, die hat viel zu melden, ...

Mittwoch 14 Aug. 2013 18.33

..aber leider nichts zu sagen. Die noch kleine PDE kennt kaum jemand, wenn FOCUS-Online nicht wäre. Sie steht auch noch nicht auf einem Wahlschein. Wenn die Damen und Herren Wähler, so zumindest sagen Befragungen, jetzt sagen, dass sie die Angst vor der Zukunft umtreibt, stelle ich die Frage, wer wählt denn in schöner Regelmäßigkeit die etablierte Monster-Partei CDUCSUSPDFDP-GRÜNE ? - Mal ehrlich, wer geht Wählen und hat die oft 100 und mehr Seiten langen Programme gelesen?! Was die PDE gern in die Tat umsetzen möchte (leider noch nicht bei der Wahl 2013), passt auf gut eine Seite und benötigt den Willen der Wähler. Kleine und Splitterparteien verfälschen ein Wahlergebnis. Die Damen und Herren Wähler sollten für klare Ergebnisse sorgen. Verantwortung geht nur bei weit über 40%, sonst gibt es wieder faule Kompromisse.

Das Zauberwort heißt ENERGIEMIX

Mittwoch 14 Aug. 2013 18.51

Energieverbrauch ist immer - Sonne und Wind leider nicht und trotzdem Beides zur Ergänzung. Eine perfekte Lösung der Energie-Frage, ist schier unmöglich. Da reden zu viele Rechthaber, Pseudo-Fachleute und Ideologen mit. Es ist fast wie beim Fußball: Ein Trainer auf der Bank, tausende Pseudo-Trainer und Besserwisser im Stadion und Millionen vor den Fernsehern. – Ich beziehe mein Wissen von Fachingenieuren und Fachwissenschaftlern. Der Energie-Mix besteht aus allen möglichen und preiswerten Techniken, dazu gehört auch Gau- und Supergau-freie Kernenergie. Diese Entwicklung ist dauerhaft in Bewegung. Das Wichtigste: Kurze Kabelwege zum Verbraucher (Private UND die Wirtschaft). Die langen Kabelwege kosten ein Vermögen. **Strom muss für Alle bezahlbar werden - EEG sorgt fürs Gegenteil**

Das beste Parteiprogramm fehlt....

Donnerstag 15 Aug. 2013 14.22

Wenn es nur um die Schuldenhaftung und den €uro ginge, bleibt, zumindest mir, nur schwarz/ gelb oder Freie Wähler. Das Verrückte: Weder Schwarz/ Gelb noch Rot/Grün oder Rot/Grün/Rot werden auf einem Wahlschein zur Wahl gestellt. Das Ergebnis ist eine Mischung aus Addition, Prozentrechnung und Zufälligkeit. Das Ergebnis bestimmen Wähler UND Nichtwähler. Welche Vorteile die PDE Politik für Deutschland in Europa bietet, erfahren Sie über das Netz. Stichworte: Neues Steuersystem, Neues zum Thema Gesundheit, Umkrempelung der Altersversorgung, Abschaffung der Bundeswehr zu Gunsten einer EU-Armee. Eine EU im Wettbewerb ohne Schuldenhaftung, Stärkung der Sozialen Marktwirtschaft mit einer florierenden Wirtschaft, Neues Modell für den Sozialen Wohnungsbau, neues Wahlrecht u.v.m.

Die größten Tricks der etablierten Parteien ….
….sind ihre Wahlprogramme.

Die werden in aufwendigen Parteitagen aufgestellt und beschlossen – ausgehend von der Tatsache, dass die Masse der Wähler das sowieso nicht liest. (Ich erlaube mir mal eine freche, fragende Anmerkung: Wäre ein Hitler gewählt worden, wenn alle vorher ‚Mein Kampf' gelesen hätten?) Mit Glück stolpert ein Journalist über zu große, nicht durchführbare Versprechungen. Bei der von mir gegründeten PDE ist vieles, sehr vieles, anders. Das Programm passt auf eine gute Seite und kann eins zu eins umgesetzt werden. – Der Haken an der Sache: Das geht nur, wenn die Damen und Herren Wähler mit mindestens 30% einen Auftrag erteilen – besser und ehrlicher wären 50,1%. Dann müssen meine Freunde und ich allerdings für diese Politik auch haften. Wir sind ab 2014 bereit – Ist es aber auch ‚Seine Majestät, der Wähler' – Zweifel sind angebracht.
Es geht Alles, wenn man will!

Donnerstag 15 Aug. 2013 14.38 ·

Dass ich Freund eines vereinten Europas mit der Gesamtwährung €uro bin, verschweige ich nicht.

Die Schuldenhaftung gefährdet das alles. Die sehr alte Demokratie USA zeigt mit 50 Bundesstaaten wie es geht: Eine USA, eine Währung, eine Sprache und 50 Bundesländer im Wettbewerb. Das ist vom Grundsatz richtig. Aber auch in den USA wird Politik von Men-

schen gemacht. Und da passieren die Fehler - Genau wie bei uns.
Damit mich niemand missversteht:
Die Mitgliedsländer der EU haben ihre Landessprachen. Das ist
Tradition und unantastbar. Englisch ist die Verständigung unterein-
ander. Die PDE empfiehlt eine neue Bankpolitik: Von der EZB gelie-
henes Geld (0,5%), darf für die Kunden nicht teurer werden als 3% -
Über 15jährige Anlagen bringen 5%. Das Ziel muss die Politik vor-
geben.

In Sachen Klimainformation und Kernenergie bin ich gut vernetzt mit
Fachleuten, die keine Ideologen sind; ist Ihnen schon mal aufgefal-
len, dass da die Vergangenheitsform von ‚lügen' vorkommt

Neue Züricher Zeitung, 17. August 2013

Leserbrief:

Fukushima und der Genfersee

In der NZZ vom 9. 8.13 wird über eine erneute, dramatische Ver-
seuchung des Meeres durch radioaktives Grundwasser von Fukushima berichtet. Die Fakten sind aber weniger dramatisch. Etwa 300 l
Grundwasser mit einigen Bq/1 bis zu einigen 10 kBq/1 Cs-137 gelangen täglich in den Pazifik. Die Menge variiert je nach Grundwas-
serspiegel. In den letzten Wochen sah man einen kräftigen Anstieg
(wie schon mehrfach vorgekommen). Verglichen mit den Lecks in
den ersten Tagen und Wochen nach der Katastrophe handelt es
sich allerdings um winzige Mengen. Im Meerwasser, direkt bei den
Kühlwasseröffnungen, misst man heute Cs-137-Konzentrationen,
die typischerweise nur einige Millionstel der ursprünglichen Spitzen-
werte betragen. Im Hafenbecken, und insbesondere ausserhalb des
Beckens, sinkt die Konzentration weiter auf kaum noch messbare
Werte (Verdünnung mit dem Meerwasser). Die Menge an Radioaktivität, mit welcher man heute das Meer «verseucht», ist lächerlich
klein gegenüber der natürlichen Radioaktivität im Meer, unter anderem verursacht durch darin gelöstes Natururan.

154

Im Meerwasser hat es über 3 t Natururan pro km³. Einen kleinen Beitrag dazu leistet auch die Rhone: Sie schwemmt täglich etwa 35 kg Uran aus den Walliser Alpen in den Genfersee und später ins Mittelmeer. Radiotoxisch ist dies sehr viel mehr als alle radioaktiven Substanzen, die heute bei Fukushima in den Pazifik gelangen, ganz besonders wenn man noch die Tochterprodukte und die extrem langen Halbwertszeiten berücksichtigt. Anfänglich sind bei Fukushima in der Tat gewaltige Mengen radioaktiver Substanzen ins Meer gespült worden. Wenn man aber bei den heutigen Mengen von «dramatischen Zuständen» spricht, müsste man konsequenterweise am Genfersee den Katastrophenalarm auslösen.

(Dr. sc. nat. Walter Rüegg, Endingen)

Sparkasse, Zinsen, Staat und die Gewinne

Montag 19 Aug. 2013 11.02

Wenn Sparkassenpräsident Fahrenschon im Interview mit Focus-Redakteur Berberich bekannt macht, dass die Sparkassen 4,4 Milliarden Gewinne machen und davon 2,3 Mrd. an Steuern abführen, beweist das einmal mehr, dass die Forderung der PDE 3% bei Darlehen / Krediten / Überziehungen und 5% bei Spargeld-Konten und Lebensversicherungen, die der Sparkasse mind. 15 Jahre anvertraut werden, keine Phantasie sind. Die öffentlich-rechtliche Sparkasse verdient dann eben weniger. Der Staat kassiert weniger Steuern. Ahnlich sollte es auch im genossenschaftlichen Bereich passieren - zum Vorteil der Kundschaft. Sparen wird belohnt und Lebensversicherungen lohnen sich wieder. - Was die privaten Banken machen, ist deren Sache. Wozu gibt es eine freie Marktwirtschaft?!.

Sicherheit für Al Kaida & Co. ...

Montag 19 Aug. 2013 11.08

Das Abhören von Telefonaten, das Ausspionieren von mails und Datenströmen gehört sofort verboten, es könnte Terroristen, Ganoven und Betrüger stören - und das will doch keiner. "Blauauge sei wachsam..."

19.08.13, 11:24

Herr Muster, vorausgesetzt Sie heißen wirklich so …

Amis sind Amerikaner. (Sollten Sie mit Amis, das französische ‚Freunde' gemeint haben, bin ich zufrieden.) Es sind die gleichen, die in Unmengen deutsche Produkte kaufen und somit wesentlich dafür sorgen, dass unser Export funktioniert.

Was soll Ihre Bemerkung mit der "Ablenkung"? (Er sprach in seinem Kommentar davon, das vom Abhörskandal abgelenkt werden soll) Der tägliche Terrorismus weltweit beweist, dass wir mit Überwachung leben müssen. Im Kleinen erleben Sie und Millionen anderer das am Flughafen mit der Durchleuchtung von Personen und Sachen. Da erregt sich auch kaum noch einer. - Das Böse ist in der Welt, Herr Hans Muster. Wie sage ich gern ironisch: Menschheit abschaffen - alle Probleme gelöst. - Dieser Kommentar antwortet zugleich Herrn Stauffenwerk, der seinen latenten Anti-Amerikanismus auslebt, wie die Herren Schneider, Lindner und die Damen Tinka und Maier.

Um die Sache verständlicher zu machen: Die Online-Diskussion entwickelte sich in kurzer Zeit und bewies für mich einmal mehr, wie Bürger ihren latenten Anti-Amerikanismus ‚ausleben'. Ich blicke zwar grundsätzlich nach vorn, aber vergesse nie, dass es die USA waren im Verbund mit den Alliierten, die uns mit Gewalt vom Joch der Nationalsozialisten befreit haben. – Ich werde immer wieder nachdenklich bei Volksweisheiten wie „Gewalt erzeugt Gegengewalt" oder „Wer Wind sät, wird Sturm ernten" – an beiden ist genauso viel Wahres dran, wie Blödsinn. Verallgemeinerungen taugen zu nichts: Die Deutschen, die Amerikaner, die Türken, die Moslems, die Juden, die Russen, die Chinesen – diese „Quatsch-Liste" ist nahezu endlos, die Nachbarn – **Und noch etwas, was mich nervt: Feige, anonyme Kommentare. Wer sich öffentlich äußert, sollte dazu stehen.**

Das Land wo Milch und Honig fließt...

Montag 19 Aug. 2013 12.33

Ich verstehe jeden Rumänen und Bulgaren, der nach Deutschland kommen möchte. Ist doch schön, wenn alle nach Deutschland wollen. Es gibt 28 Mitgliedsstaaten und wir sind offensichtlich ganz weit vorn... Es hat mal geheißen "Am deutschen Wesen, soll die Welt genesen.." Das mit der Umsetzung klappt nicht so ganz. Die gute Idee EU und der €uro haben einen Webfehler (hat nichts mit web zutun). Wer in ein Mitgliedsland einreist, Touristen ausgenommen, muss nachweisen, dass er eine Arbeitsstelle hat und/ oder dem Land nicht wirtschaftlich zur Last fällt. Wenn das aus gesetzlichen Gründen nicht möglich ist, müssen diese Gesetze verändert werden. Wir dürfen uns aber in Deutschland nicht selbst überschätzen: Zum Welt-Sozial-Amt reicht es nicht.

Jeder ist in Deutschland willkommen...

Montag 19 Aug. 2013 12.55

als Gast oder als jemand der hier langfristig leben möchte. Das geht aber nur, wenn er eine Arbeitsstelle nachweisen kann und / oder dem Land nicht wirtschaftlich zur Last fällt. –

Allen Freunden der Menschlichkeit, mich eingeschlossen, Deutschland ist nicht Kanada, ist nicht die USA oder Australien. Wir sind halb so groß wie Texas. Ein ungezügelter Zuzug scheidet damit aus. Wer das nicht so sieht, verdrängt die Realität. –
Da ich gern provoziere, tue ich das auch hier: Wer in seiner Wohnung, in seinem Haus Gäste aufnehmen will, kann das ja organisieren; auch in manchen Garten passt noch ein Zelt oder ein Wohnwagen ... Ich empfehle immer den Kauf eines Globus', um die Größenverhältnisse zu begreifen!!! - Ansonsten: Der Begriff "Vertriebene" geht am Thema vorbei.

Montag 19 Aug. 2013 13.23

Das nennt man Dankbarkeit...

Willy Brandt und auch Helmut Schmidt haben sich sehr, um die Familienzusammenführung der damaligen Gastarbeiter verdient gemacht. Das muss man wissen, wenn man das prognostizierte Wahlverhalten der Deutsch-Türken begreifen will. - Wir, damit meine ich die PDE und mich, freuen uns über JEDEN der in diesem Land leben möchte. Voraussetzung: Er respektiert deutsche Gesetze, lernt oder spricht deutsch und integriert sich. Eine doppelte Staatsbürgerschaft scheidet aus. Man kann nicht zugleich Christ und Moslem sein - theoretisch schon, aber nicht nach den 10 Geboten oder der Scharia. Schon Kemal Atatürk war für die Trennung von Staat und Kirche.

21.August bei Facebook

Jeder 2. Jugendliche weiß angeblich nicht, wann gewählt wird.

Wenn das wirklich so ist, wäre es zum Verzweifeln. Jeder Jugendliche weiß aber sehr genau, dass er mit 18 seine Volljährigkeit erreicht "Du hast mir gar nichts mehr zusagen...". Wer die Schule verlässt oder seinen Abschluss macht, ohne richtig Lesen, Schreiben und Rechnen zu können, muss wissen, dass er sich automatisch für ein Leben 2.Klasse entschieden hat. Politik bestimmt nun mal unser Leben. Sich nicht zu beteiligen, erinnert an die alten Griechen. Wer sich nicht für die öffentlichen Dinge interessiert, also ein Privatmann ist, nennt man 'idiotes'. Das ist der Ursprung des Wortes IDIOT. Wer gehört da schon gern freiwillig dazu.
"Die Milch gebende Steuer-Kuh"

Mittwoch 21 Aug. 2013 12.29

"Was erwartet Autofahrer ...?" Wer diesen hervorragenden Focus-Artikel liest, wird feststellen, dass sich eigentlich alle Parteien einig sind: Sie werden den Autofahrer weiter "melken". Über die Details der Programme zu diskutieren, ist müßig. Eine Geschwindigkeitsbegrenzung auf Autobahnen und Straßen existiert seit Jahren. Sie heißt:STOP and GO. Wo alles frei ist, sollte man auch schnell fahren dürfen. Rasende Irre werden sich auch durch Schilder nicht 'beirren' lassen - im Gegenteil, ein Verbot wird sie herausfordern. - Die Besteuerung des Autos muss von Grund auf neu gestaltet werden. Niedrigere Steuern, Maut für Alle. Wer viel fährt, zahlt viel (Ausnahme LKW)

Warum ‚Sonderrechte' für LKW ? Lastwagen transportieren die Dinge für das tägliche Leben und Waren für unseren Export. Je teurer der Transport wird, desto mehr schlägt sich das bei den Preisen nieder....Im Supermarkt zahlen wir alle. Für den Export-Kunden steigt der Preis ebenfalls – irgendwann wird Deutschland zu teuer. Einfache Erkenntnis, aber wahr.

Mittwoch 21 Aug. 2013 13.46

Den Reichen nehmen, bis sie nicht mehr reich sind

Der sozialistisch-kommunistische Umverteilungs-Irrsinn hat noch nie auf der Welt funktioniert. Ich plädiere für eine lupenreine SOZIALE MARKTWIRTSCHAFT, die nur funktioniert wenn die Wirtschaft floriert, dem darf der Staat nicht mit Bürokratie im Wege stehen. Das alte 'Leben und leben lassen' muss die moderne Devise der Zukunft sein. Unternehmer und Arbeitnehmer sitzen im gleichen Boot und sind dann nachhaltig erfolgreich, wenn sie in die gleiche Richtung rudern. Wer etwas unternimmt, schafft Arbeitsplätze. Geld verdienen ist keine Schande. Löhne und Gehälter sind Kosten und bestimmen den Preis eines Produktes, einer Dienstleistung wesentlich. Wer Lohnerhöhung fordert, darf das nicht vergessen. Alle sollen so viel verdienen, wie es geht. Bei Gewinn: BONI FÜR ALLE. Ende der Neiddebatte.

Wenn, wie in Focus Online zu lesen ist, tatsächlich die SPD von der „Verelendung Deutschlands" spricht und die Grünen nicht vehement widersprechen, wird hier ein donnerndes Selbsttor geschossen. Erstens denkt bei ‚Verelendung' wohl kaum ein aufgeklärter Mensch an Deutschland und zweitens: Haben nicht auch SPD und Grüne in großen Phasen dieses Land regiert???

Donnerstag, 22.08 im Bundespresseportal

Auch die PDE weiß:
Wir haben das wohl beste Autobahn-Netz in Europa

(BPP) STOP für Autobahn-Neubauten in Deutschland. So etwas kostet Milliarden und vernichtet Flächen, die sinnvoller eingesetzt werden können; wir sind nun mal kein Flächenstaat. Unser Boden ist kostbar. - Die genannten Milliarden sollten sinnvoller Weise, lieber in den Unterhalt des bestehenden Autobahnnetzes gesteckt werden und in die Weiterentwicklung der Land- und Bundesstraßen. Vom Schlagloch bis zur Ortsumgehung - ein weites Feld. Es müssen viele Gelder umgeschichtet werden für den Erhalt der Straßen in Dörfern und Städten. - Wir sind nicht eitel: Wer das abschreiben möchte, ist herzlich eingeladen. Nur die Sache zählt, zum Wohle fast Aller.
Stoppt den Schuldenhaftungs-Wahnsinn!

Donnerstag 22 Aug. 2013 13.33

Dass wir immer höhere Steuereinnahmen haben, spricht für unsere Wirtschaft, die trotz bürokratischer Hürden gut vorankommt. Wie viel besser könnte es sein, wenn wir per Schuldenhaftung nicht schwächere mit durchziehen müssen. Gebt denen ihre alte Währung als Zweitwährung vorübergehend wieder. Der €uro muss das starke Pendant zum Dollar sein und bleiben. - Deutschland, die EU und langfristig die Vereinigten Staaten von Europa mit dem €uro könnten eine glänzende Zukunft haben, wenn, wie in den USA, die Schuldenhaftung nicht wäre. 28 europäische Länder im Wettbewerb. Mit dieser PDE-Politik hat Deutschland in Europa Zukunft. National fahren wir schon bald an die Wand, mit Folgen für die Arbeitsplätze und die Soziale Marktwirtschaft.

Wahrheiten zu Renten, Pensionen und Altersarmut

Freitag 23 Aug. 2013 17.22

Die Fleißarbeit der Focus-Money Redakteure öffnet die Augen und bestätigt ungewollt den völlig anderen Politikansatz der PDE. Der Staat ist keine Rentenversicherungsgesellschaft.

Das derzeitige System ist nicht mehr lange durchzuhalten. Die Aufgabe des Staates ist unter anderem, die Fürsorge für die Schwächeren der Gesellschaft.
Niemand darf 'unter die Brücke' und ohne Wasser, Strom und Brot leben. Das garantiert das Haushaltsgeld-Modell der PDE, das zugleich einer Basisrente gleichkommt. Das Schweizer Modell, wonach ALLE ihre Sozialbeiträge leisten, muss deutsche Wirklichkeit werden. Der Staat sichert das Überleben. Wer höhere Standards will, muss sich beizeiten darum kümmern. Das "Altwerden", darf man in der Jugend nicht verdrängen. Solidarität hat Grenzen.

Wer verklagt den Staat wegen Veruntreuung?...

Freitag 23 Aug. 2013 17.40

Der Bund Deutscher Steuerzahler muss mehr Gewicht bekommen. Jeder Deutsche ist ein Steuerzahler durch die Mehrwertsteuer. So steht es auch bei der PDE. Der BdSt muss zu einem offiziellen Aufsichtsorgan des Bundestages werden. Die Macht von Öffentlichem Dienst und Anwälten, die den Bundestag quer durch alle Fraktionen dominiert, braucht ein Pendant. Aus der Wirtschaft müssen sich endlich Kandidaten um ein Mandat bemühen, sonst geht die Steuerverschwendung munter weiter... Weit über 70% der Deutschen verdient sein Geld mit und durch die Wirtschaft - Unternehmer und Arbeitnehmer. Im Deutschen Bundestag sind diese aber eine Randgruppe. Das muss sich ändern, bevor sich was verändert. Das will die PDE mit ihrem vorgezogenen Wahlkampf für 2017 oder Neuwahlen in 2014.

Hass und Gewalt ekeln mich an !

Samstag 24 Aug. 2013 21.15

Ob die Alternative für Deutschland AfD eine gute Alternative ist oder nicht, steht auf einem anderen Blatt - Die AfD Politik ist auf jeden Fall ein gefährliches Experiment mit möglichen negativen Folgen für die Wirtschaft, die EU und Arbeitsplätze. Gewalt und Hass sind auf jeden Fall keine politische Meinungsäußerung, sondern kriminell.

So viel zum vermummten Pfefferspray- und Messerattacke-Angriff auf eine AfD-Veranstaltung in Bremen – irgendwie passt auch die nächste Überschrift …

Kleinkariertheit, schlechtes Benehmen, "Wahlkampf"

Samstag 24 Aug. 2013 21.35

Wie unsicher muss sich Herr Steinbrück sein, wenn er nach jedem Strohhalm greift. Die Juso-Karten-Attacke verdient die ROTE KARTE. - In Sachen "Steinbrück will niedrige Strompreise erzwingen", hätte ich einen Tipp: Weg vom EEG und der teuren Geldvernichtung "off-shore" - statt ideologischem Blödsinn, lieber abschreiben bei der PDE. Die steht zwar diesmal dank Wahlgesetz noch nicht auf dem Wahlschein, hat aber ein Angebot, bei dem sich abschreiben lohnt. - Es wäre schon ein Wahlerfolg für die PDE, wenn die "Konkurrenz" viel von deren Programm umsetzt. Es geht nicht um Parteien-Hick-Hack, sondern um Politik für Deutschland in Europa.

24.08.13, 23:12

von Stefan Rumpel:
Das Grundprinzip der AfD ist das beschriebene. Schuld sind die Anderen. Die sind alle faul, wollen uns nur ausnutzen u.s.w.

24.08.13, 23:56

von Elisabeth Doschauher:
Was hat das erst für negative Folgen für unsere Wirtschaft und unseren Sozialstaat, wenn demnächst die "Bürgschaften" für Griechenland und Co wirklich als Forderungen in dreistelliger (!) Milliardenhöhe (!) fällig werden. Ich würde gern wissen, wie sie mir erklären können, wie dann der deutsche Staatshaushalt aussieht.

25.08.13, 10:40

von Martin Mainka:
Bund der Steuerzahler ist mitnichten eine unparteiische oder neutrale Organisation, sondern ist eine Lobbyorganisation, die mit ca 300000 Mitgliedern zwar groß ist, aber mit Mitgliedern zu 60 bis 70 Prozent aus Unternehmen des gewerblichen Mittelstands auch sehr einseitig aufgestellt ist. Als Kontrollgremium ist meines Erachtens besser der Bundesrechnungshof geeignet.

25.08.13, 11:16

Parlament und wirtschaftlicher Sachverstand....

Der gewerbliche Mittelstand ist im Bundestag nur eine "Randerscheinung", gibt aber Millionen von Menschen Arbeit. Im Parlament fehlt wirtschaftlicher Sachverstand. Cheftheoretiker, wie ich sie gerne nenne, haben wir genug.

Der Bundesrechnungshof ist Teil des Öffentlichen Dienstes. Er, der Öffentliche Dienst und Anwälte, dominieren mit über 60% den Deutschen Bundestag. Wenn man dazu aus dem Statistischen. Bundesamt weiß, dass nur 5,2% der arbeitenden Bevölkerung im ÖD tätig sind und etwas weniger als 1% Anwälte, dann weiß man auch welche verhängnisvolle Minderheit und Lobby im Land das Sagen hat. Das wieder vom Kopf auf die Füße zu stellen, ist Politik der PDE.

25.08.13, 11:42

Frau Doschauher....
eigentlich sollte ich Ihnen nicht antworten, weil Sie unter einem
Tarnnamen antreten. Wer sich öffentlich äußert, sollte das auch mit
seinem Namen tun, es sei denn, er hat was zu verbergen. - Zu Ihrem eigentlichen Statement: Unter Finanzminister Eichel (SPD) ist
es zur Mitgliedschaft Griechenlands gekommen. Die EU und der
€uro sind unsere Zukunft, wenn endlich die Schuldenhaftung auf
den Müll kommt. (siehe Programm der PDE) - Keiner weiß, wohl nur
Sie "demnächst", wann und ob die Bürgschaften je fällig werden.
Dreistellige Milliarden sind ohnedies nur eine "Schimäre" - im Ernstfall werden die mit Haushaltstricks in eine weite Zukunft geschoben
oder als Schuldenschnitt gestrichen. Griechenland ist in mehrfacher
Hinsicht zu klein, als das von dort Gefahr droht.

Wahlkampf

Sonntag 25 Aug. 2013 18.14 · *von Rainer Zschögner:*

was sind das für Wahlkampfplakate? Was soll ich mit dem Plakat
der CDU anfangen, Orange und drauf steht Mehr für Familien. Welches Mehr? Für welche Familien. Ich denke, es ist das Mehr für Familien von Bundestags-Angehörigen. Denn bei denen erhöhen sich
die Diäten automatisch, denn das Händchen geht bei der Zustimmung von ganz allein nach oben. Für eine gerechte Wahl, sollte
man eigentlich die Platzierungen der Parteien auf den Wahlschein
auslosen. Wie man weiß, lesen sehr viele Bürgerinnen und Bürger
nur den Anfang von Gesetzen, Verordnungen oder AGB s. Beim
Wahlschein wird das nicht anders sein. Werden die Platzierungen
ausgelost, müsste man zumindest den Wahlschein schon einmal
komplett lesen. Wer sichert den 5 großen Parteien eigentlich die
ersten 5 Plätze?

26.08.13, 10:49

Rainer Zschögner und die Auslosung... Das ist endlich mal ein Vorschlag, der den Wahlkampf beleben könnte:
Der Kampf um die ersten fünf Plätze auf dem Wahlschein als Lotterie. Ich habe da noch einen: Ganz unten bleibt eine Spalte frei. Dort können die Damen und Herren Wähler einen Kandidaten einsetzen und eine Partei oder Gruppierung ihrer Wahl. Beispiel: Karl Jobig / PDE - Unser antiquiertes 'Wahlrecht' gehört ohnedies auf den Müll oder zumindest zum 'Wahler-TÜV'.

26.08.13 **Die PDE und der "Wahlk(r)ampf"**

(BPP) Der Wahlkampf ist, wie so oft, mehr ein Wahlk"r"ampf. Außerdem macht er deutlich, dass unser Wahl"recht" wohl juristisch einwandfrei ist, aber eine 'Wahl' wird den Damen und Herren Wählern kaum geboten. Es sei denn, dass eine Partei so überzeugt, wie 1957 die CDU. Damals reichte es zu einer absoluten Mehrheit. Wer sich aber Befragungen und Deutschland-Trends näher anguckt, wird schnell feststellen, wie festgefahren eigentlich die "Chose" ist.
Die CDU/CSU läuft mit reichlich 40% vorne weg. Die '150 jährige SPD" schleicht mit reichlich 25% hinterher - na, ja ... die Alten sind oft nicht gut 'zu Fuß'. Ich weiß mit meinen '74' wovon ich rede...Auf mich persönlich bezogen, steht über den wackeligen Beinen ein frischer und modern denkender Kopf mit viel Erfahrung. Erfahrung hat die SPD auch, ist aber zu sehr mit Traditionen verbunden "Wann wir schreiten Seit an Seit und die alten Lieder singen - da hilft es auch nur wenig, wenn es später heißt "mit uns zieht die neue Zeit..." - was nützt es, wenn die neue Zeit vorüberzieht SPD und auch die 'neutralen' Gewerkschaften merken es nicht...? - Ach ja, dann wäre da noch die Truppe mit den festgefahrenen 14%, eine andere bringt es auf 7-8% und bei 5% kämpft noch eine weitere Traditionspartei. Und unterhalb der 5% bemühen sich noch ein paar andere - eigentlich bin ich ganz froh, dass die PDE noch nicht zur Wahl steht. Wenn wir erst mal einem großen Publikum bekannt sind, werden wir zwangsläufig zur Volkspartei.
Auf keinem Wahlschein steht schwarz/gelb, rot/grün, rot/grün/rot oder schwarz/grün - von Jamaika nicht zu reden. Das Wahlergebnis

ergibt sich aus Addition und Prozentrechnen. Das vorher dem Wähler versprochene findet sich nach der Wahl völlig entstellt in einem
Mix wieder, den die Regierungsparteien unter sich ausgemacht haben. Eine Bestätigung durch die Wähler kommt im Wahlrecht nicht
vor. "Friss Hund oder stirb", heißt eine alte Volksweisheit. - Apropos
'Wahlrecht' - es führt auch dazu, dass wir jetzt schon das vielleicht
größte Parlament der Welt haben, bezogen auf unsere 80 Millionen
Einwohner und die wohl bald 700 Abgeordneten und das bei 299
Wahlkreisen. Dieser Luxus kostet uns ein Vermögen. Der Sieger der
Wahl wird nicht regieren, sondern bestenfalls 'koalieren'... Da gibt es
viel zu verändern, um die Demokratie stabil zu machen.

Eine News gibt es doch noch: Die PDE wird einen 'Autobahn-
Neubau-Stop' in ihr Programm aufnehmen. Die vorhandenen Flächen sollten besser genutzt werden. - Das deutsche Autobahnnetz
gehört weltweit zur Spitzengruppe. Statt Milliarden in Neubauten zu
stecken, soll das vorhandene Netz, die vorhandenen Straßen ganz
allgemein besser instand gehalten werden. Wenn andere das bei
der PDE abschreiben wollen, sind sie herzlich eingeladen. - Die
PDE Politik für Deutschland in Europa ist die Volkspartei der Zukunft. Meine Freunde und ich, wissen das. - Ob das die Damen und
Herren Wähler aber zulassen - für eine weitere Splitterpartei sind wir
uns zu schade.

Bitte, bitte, dass mit der NSA ist keine Nachricht mehr

Montag 26 Aug. 2013 11.58 ·

Sollen doch endlich Ganoven, Betrüger und Terroristen wieder in
Ruhe arbeiten ohne die unmenschliche Angst vor Bespitzelung. Wer
meine Kommentare und Texte bei Focus-Online, Facebook, Twitter
& Co lesen möchte, Bankkonto eingeschlossen ist hiermit herzlich
eingeladen - Auch mein Telefon steht zur Verfügung. Vielleicht werden daraus ja positive Schlüsse gezogen...?! Wenn ich Glück habe,
erscheinen sogar die Zukunftsbuchstaben PDE. Mühe macht meine
Ausspähung auch nicht: Ich biete alles unverschlüsselt. Bei 500 Millionen Daten muss man ja um seine Platzierung kämpfen....

166

**Abbruch der Friedensverhandlungen / Die hinterhältigste Meldung des Tages
Zynische Anmerkung: Weiter bomben ...**

Montag 26 Aug. 2013 13.07

Im Hintergrund 'lauert' die angeborene Feindschaft zwischen Judentum und Islam. Traurig, aber wahr. Die Vernunft wird dem Glauben geopfert. Welcher Gott heißt so etwas gut ? Die Antwort werden wir nie erfahren. Die Glaubenskriege haben nie aufgehört. Werden wir alle Moslems, ist Ruhe – Nein sicher nicht, dann bekriegen sich Sunniten, Schiiten, Aleviten und Salafisten. Stammt 'Auge um Auge / Zahn um Zahn' nicht auch aus Heiligen Schriften. Wenn ich Gott wäre, würde ich bitterlich weinen über die von mir geschaffene Menschheit. Ich plädiere für einen 'Runden Tisch' aller Religionen dieser Welt... Das wäre eine Art „letzter Versuch" – bei der Rüstungsindustrie herrscht sowieso in Erwartung von Umsätzen 'Bombenstimmung'. Das Perverse: Dort arbeiten Menschen für das Wohl ihrer Familien...

"Farbenlehre" ist keine Politik

Montag 26 Aug. 2013 17.24

Das Schwarze, Rote, Blau/Gelbe und Grüne ist besetzt durch die Monsterpartei CDUCSUSPDFDPGRÜNE. Die ganz kleinen sorgen mit schöner Regelmäßigkeit dafür, dass irgendeiner Partei die Prozente fehlen, die ihnen zum Regieren fehlen. Nach der Wahl werden wir sowieso nicht regiert, sondern nur 'koaliert'. Der Wählerwille wird verfälscht. Was ändern die Kleinen - Nichts. Was verändern sie - auch Nichts. Dieses Schicksal möchte ich der PDE Politik für Deutschland in Europa ersparen. Die PDE ist kein Selbstzweck und zu einer Splitterpartei taugt sie schon überhaupt nicht. Wenn wir erst bekannt sind, werden wir zu Volkspartei der Zukunft. Wer das Programm liest, weiß warum. Die PDE ist vielfarbig - Schwarz, Rot, Blau/Gelb, Grün und festgelegt auf den gesunden, bunten Menschenverstand.

Die Focus Meldung: AfD rückt auf 3% vor, schwarz / gelb ohne eigene Mehrheit...

Emnid als AfD "Wahlhelfer"...???

Montag 26 Aug. 2013 18.32

Wenn ich gemein wäre, könnte ich den Angriff auf Herrn Lucke und seine AfD als geschickte Inszenierung 'missverstehen'. Um allem vorzubeugen: Gewalt im Wahlkampf ist ekelig und kriminell. Eins sollte klar sein:AfD Wähler gehen ein gefährliches Risiko ein und nehmen an einem Experiment teil, das Arbeitsplätze kosten kann. Der öffentlich-rechtlich bezahlte Herr Professor zuckt nur mit den Schultern, wenn's schief geht und murmelt: Entschuldigung - das hab' ich mir anders vorgestellt. AfD-Politik ist ein Experiment auf dem Rücken der Arbeitgeber und ihrer Mitarbeiter. - PDE-Politik: Soziale Marktwirtschaft durch florierende Wirtschaft, ohne Geld vernichtende Schuldenhaftung. Emnid und infratest-dimap ersetzen keine Wahlen. Die PDE kann man noch nicht wählen - frühestens 2014 bei Neuwahlen.

Ein Vertreter der Allianz und die Zinsen

Montag 26 Aug. 2013 22.14

Wie man hört, war der Ausflug ins Bankgeschäft nur von kurzer Dauer, was für die Allianz spricht... Jetzt weiß die Allianz-Versicherung ja wie's geht. Eine Bank leiht sich für 0,5% billiges Geld bei der EZB und gibt es gegen hohe Zinsen weiter. Der Sparer vertraut der Bank für mindestens 15 Jahre sein Guthaben an oder seine Lebensversicherung. Die Bank zahlt mickerige Zinsen. Das ist nur gut für die Aktionäre und Eigentümer. - Hier muss bei öffentlich-rechtlichen Sparkassen und genossenschaftlichen Volks- und Raiffeisenbanken die Politik eingreifen. 3 - 4% bei Darlehen, Krediten und Dispos müssen zur Forderung werden. Sehr langfristig angelegte Sparguthaben und Lebensversicherungen müssen 5% bringen. Es geht, wenn die Politik will.

27.08.13, 09:11

von Rüdiger Fischer:
Wie gesagt Herr Jobig, gründen Sie bitte eine Bank, ich werde dann sofort ein Darlehen bei dieser aufnehmen und das gesamte Geld zu höheren Zinsen, als ich für das Darlehen zahlen muss, bei Ihrer Bank anlegen. Alternativ können mir Ihre Bank auch die Differenz zwischen den Zinssätzen direkt auszahlen, spart viel bürokratischen Aufwand und zeigt Ihnen vielleicht endlich, wie absurd so ein Vorschlag ist.

27.08.13, 10:41

Rüdiger Fischer – wollen oder können Sie mich nicht begreifen?..
Ich habe keine Lust mehr, es Ihnen zu erklären. Mein Vorschlag ist ungewöhnlich, gegen den Strich gebürstet, aber auf keinen Fall absurd. Absurd sind Ihre Einlassungen. Nichts für ungut

Die Damen und Herren Leser sollten wissen, dass Herr Fischer mit mir in der Sache ‚neue Zinspolitik' einen regen ‚Kleinkrieg' führt, den ich hiermit beende. Herr Fischer ist offensichtlich Vertreter der Sorte Mensch, die gern meckern ohne substantiell etwas zur Lösung von Problemen beizutragen.

Die Maut-Forderung Seehofer, hat was...

Dienstag 27 Aug. 2013 11.22

Es ist recht und billig, das auch die ausländischen Benutzer deutscher Autobahnen Maut-Gebühren bezahlen. Gerecht ist es allemal: Der Deutsche zahlt seit Ewigkeiten durch sein Steuersystem eine Maut. Seehofer hat recht, wenn er fordert, dass mit der Kfz.-Steuer-Bezahlung auch gleich eine Maut-Vignette ausgegeben wird. Die Einnahmen aus einer Maut-Vignette für Ausländer müssen zweckgebunden in die Erhaltung des Straßennetzes fließen. **Hier geht es also nicht um zusätzliche Belastungen deutscher Autofahrer, der zahlt seit Jahrzehnten Maut. Die Vignette macht das nur deutlich.**

Dienstag 27 Aug. 2013 12.07

Es geht in eine positive Zukunft, wenn ...
...Ideologen und Bürokraten, der Entwicklung nicht im Wege stehen. Energiepolitik und der €uro sind ein Beispiel für das destruktive Handeln vieler Kritiker und Politiker. Die noch relativ unbekannte PDE Politik für Deutschland in Europa, propagiert den Ideologie freien ENERGIEMIX, der voll auf die Leistungskraft deutscher Ingenieure setzt und auf Erkenntnisse der Fachwissenschaftler. Die EU und den €uro muss man wollen und begreifen. Auch dazu steht viel im Programm einer Partei, die in Richtung positive Zukunft denkt. Wie hieß es mal in einer alten ESSO-Werbung "Es gibt viel zu tun - packen wir es an"....

Teure Energiewende - es geht besser und billiger

Dienstag 27 Aug. 2013 16.29

Über Focus-Online komme ich an die aktuellen Themen. Immer wieder äußere ich mich, auch im Namen der von mir gegründeten Volkspartei der Zukunft PDE Politik für Deutschland in Europa. Wer unter Politik unseren Passus ENERGIE liest und sich umfassender informiert, wird schnell herausfinden, dass wir nie Haus- und Wohnungsbesitzer gängeln werden. Was die an Kosten "wegstecken" müssen, landet doch zwangsläufig bei den Mietern in Form einer Mieterhöhung.
In vielen der von der Monsterpartei CDUCSUSPDFDPGRÜNE und Berufspolitikern angerührten Maßnahmen, wird immer wieder verdrängt, dass das anonyme Volk der Wähler, Wählerinnen und Nichtwähler in einer anderen Welt lebt. Die noch neue PDE will Volkspartei der Zukunft werden mit einem Parlament in dem nicht überwiegend 'Cheftheoretiker' sitzen.

28.08.13 – Bundespresseportal

Die PDE will die Spionage - Affäre für sich nutzen

170

(BPP) Der Gründer und 1.Vorsitzende der noch kleinen PDE POLITIK FÜR DEUTSCHLAND IN EUROPA, Karl Jobig, Dresden, erklärt mit dem heutigen Tag, dass alle Texte, Kommentare und Telefonate der PDE abgehört und ausgespäht werden dürfen. Diese Freigabe gilt für alle in- und ausländischen Dienste, Facebook, Twitter, Google und Co. eingeschlossen.
Die PDE verspricht sich von diesem Schritt, dass sie besser wahrgenommen wird - in die Freigabe ist auch ausdrücklich der persönliche Bereich eingeschlossen. Die Auskunfteien und das Finanzamt schnüffeln sowieso im Privaten. Auch die 'Edelspione', Hacker genannt, so Jobig, sind ausdrücklich in die Freigabe eingeschlossen - die scheren sich sowieso um nichts. Die PDE steht für Transparenz. - Wer auf Spionage und Ausspähung grundsätzlich verzichten will, findet bei Ganoven, Betrügern und Terroristen sicher viel Zustimmung. Jeder, der sich zukünftig außerhalb der Legalität bewegt, wird gebeten, das freiwillig der Staatsanwaltschaft mitzuteilen. Auf diese Art werden NSA & Co überflüssig. **(na, ja – ein wenig Ironie ist erlaubt)**

Gebt den Griechen die Verantwortung zurück...

Mittwoch 28 Aug. 2013 12.54

Die Schuldenhaftung ist der Totengräber für die EU und den €uro, wenn es so weiter geht. Die Griechen sollen als Währung den €uro behalten und zusätzlich die Drachme wieder einführen. Der €uro ist ein in der ganzen EU anerkanntes Zahlungsmittel - auch bei den Nicht-Mitgliedern der €uro-Gruppe ... und das ist gut so (hat nichts mit dem Wowereit - Slogan zu tun) Die Mitglieder der Europäischen Union müssen dauerhaft im Wettbewerb untereinander sein.

Wer weiß, dass der Nachbar für die Schulden bürgt bzw. 'grade steht', wird weitermachen wie bisher. Nur ein vereintes Europa mit einer gemeinsamen Währung (Zweitwährungen wo nötig) sorgen für Zukunft.

Mittwoch 28 Aug. 2013 16.40

Fehlt Geld - dann muss man es drucken ...
Das ist ein genauso großer Blödsinn, wie die Schuldenhaftung. Wenn Geld den Markt überschwemmt, ist etwas faul. Niemand kann mich davon abbringen, dass langfristig die Vereinigten Staaten von Europa mit der Gemeinschaftswährung €uro unsere Zukunft sind. 'Versauen' kann es nur die Politik, wobei auch gelehrte Leute wie Professor Straubhaar und der Amerikaner Stephen Roach mit Vorsicht zu genießen sind. Ein Professor bringt immer einen 'Gegen-Professor'. Entscheidend sind Unternehmer. Sie tragen das Risiko. Das Tragische: Geht's schief, verlieren auch viele Mitarbeiter den Job und eine sichere Zukunft. Entwickelt sich die Wirtschaft in Europa, Asien und Amerika gut, sind wir alle Profiteure - der eine mehr, der andere weniger. Die PDE, meine Freunde und ich blicken positiv Richtung Zukunft

Hört, Hört ... / Islamische Staaten fordern ,entschiedenes Handeln' gegen Syrien

Mittwoch 28 Aug. 2013 18.38

Angelehnt an einen beliebten Zuruf im Bundestag, kann man hier nur sagen "Lest, Lest" - Wie ein Volk unter seiner verbrecherischen Führung leidet und dafür den Kopf hinhält, wissen wir seit dem 2.Weltkrieg und Adolf Hitler, von dem uns wesentlich die Amerikaner, Franzosen, Engländer, Kanadier und Russen mit Gewalt befreit haben. Das nur zur Information der "Geschichts-Schwachen"..

Heute abend bin ich wieder mal spät ins Bett gekommen; erst Maybrit Illner, dann Anne Will.

Langsam kann ich mich bei der Talkschau–Flut sowieso nur noch knapp über Wasser halten. Jauch, Beckmann, Plasberg, Maischberger, Illner, Will – oft zu sich überschneidenden Themen und noch öfter mit den gleichen Gesichtern. Bei der großen Syrien-Debatte wurde wie üblich eine heikle Sache ,umkreist'. In Tunesien, Algerien, Libyen fanden und finden islamische Glaubenskriege statt.

Nicht anders in Ägypten und Syrien. – Niemand konnte mir bisher erklären, auf welche Koran-Suren sich die Gläubigen berufen. Das relativ kleine Syrien, in der Fläche etwa halb so groß wie Deutschland, wird am 29.August noch von Herrn Assad und seinem Clan regiert. Sie stehen für 12% Alawiten. Eine Minderheit dominiert 71% Sunniten.

In Allem sind sich die Mohammedaner allerdings einig „Allah ist groß..." – Vorausgesetzt es gibt Ihn – Ist es in seinem Sinn, dass sich alle die, die radikal (Salafisten) an Ihn glauben, gegenseitig umbringen?! – Dass Sarah Wagenknecht nun auch über Linke-Heilslehren etwas zum Syrien-Konflikt beisteuert, hat mich überrascht. Sollte ich Frau Wagenknecht unterschätzt haben? Wie wird man Diktatoren und Menschenverachter a la Assad los? Verschwanden Hitler, Hussein, Gaddafi & Co. durch Verhandlungen. In einem Punkt hat Sarah W. allerdings recht, Leidtragende sind immer die Bürger und ihre Kinder. Traurig aber leider auch wahr: Die ideale Welt gibt es nicht, weil sie von Menschen und Tieren bewohnt wird. Warum erwähne ich die Tiere? Auch die bringen sich rassenübergreifend um, wenn sie Hunger haben. – Ich bin gespannt, wie das Syrien-Problem gelöst wird?
Ein Einsatz an Land, ist wohl ziemlich ausgeschlossen. Aber Bomben auf Flughäfen, Hangars, Waffendepots, Kasernen und Paläste ??? Leider sterben da oft auch wieder Unschuldige. Vielleicht trifft es aber auch Herrn Assad – und was kommt danach …

Für mich kam der Satz des Abends vom Ex-General Kujat „Wir sind Statisten und spielen nicht die Hauptrolle" – Auch noch an diesem Abend mein Vorschlag an die Gutmenschen Oppermann (SPD) und Özdemir (Parteinennung überflüssig, kennt Jeder; der gleiche Verein wie die Damen Roth, Künast und der Herr Trittin): Deutschland ist das klassische Einwandererland – wir haben viel Platz, ähnlich wie Australien, die USA und Kanada. Riesige Flächen in der Lüneburger Heide, der Altmark und in Mecklenburg-Vorpommern. –
Allein in Syrien sind 1,9 Millionen Menschen auf der Flucht und wir übernehmen 5.000. Das ist doch edelmütig. Es ist auch traurig, aber wahr – Wir können nur mit einem Mini-Anteil als Problemlöser dabei

sein. In Ballungsgebieten (Großstädte) leben jetzt schon über 10 Tausend Menschen auf einem Quadratkilometer.

Das Einzige was wir können, wenn wir ehrlich sind, ist mithelfen, dass es den Menschen in ihren Heimatländern besser geht; aber auch da gerät „der deutsche Reichtum" an Grenzen.

Was versprechen die Parteien zur Wahl?? Alles was sie nur einhalten können, wenn sie die absolute Mehrheit erreichen. Nach der Wahl wird meist nicht regiert sondern koaliert, weil es die Damen und Herren Wähler so gewollt haben ... wirklich?? Wahlbetrug – Das Wahlrecht macht es möglich!

Hau raus die Kohle...

Donnerstag 29 Aug. 2013 15.09

Wen stören schon Landesschulden - wir haben doch den Länderfinanzausgleich...weiterentwickelt in der EU heißt so was Schuldenhaftung. - Regierungen machen Fehler - Die Bürger dürfen zahlen. Früher konnte man oft Anzeigen in den Zeitungen lesen: Ich hafte nicht für die Schulden meiner Frau. -Später wurde das wegen Diskriminierung verboten - daran halten sich auch Regierungen...

(Das sollte unter der Kategorie 'Zynismus' laufen, damit keine Missverständnisse aufkommen.)

Peer Steinbrück bringt auch Syrien in den Wahlkampf
Herr Steinbrück, Sie lassen wohl nichts aus...

Freitag 30 Aug. 2013 18.58

Hier spielen weder Peer Steinbrück noch die Russen, die Chinesen oder die Amerikaner eine Hauptrolle. Das Leiden der Zivilbevölkerung und ihrer Kinder zu beenden, steht im Mittelpunkt. Ob eine Vierer-Gruppe oder sonst wer verhandelt, geht am Thema vorbei. In der arabischen Welt läuft seit Langem ein Kampf zwischen Sunniten, Schiiten, Alawiten und anderen. Diktator Assad gehört der relativ

174

kleinen Glaubensrichtung Alawiten an. Das passt den anderen nicht. Dieses "Glaubens- und Polit-Drama" wird wieder mal in der arabischen Welt "gespielt" und aktuell in Syrien. Die deutsche Politik mag das zwar bedauern, sollte sich aber nicht entblöden, das auch noch in den Wahlkampf zu ziehen.

**Grüne nähern sich der 10%,
so zumindest ein Bericht von Martina Fietz (Focus)
Niedergang der Grünen - eine gute Nachricht**

Samstag 31 Aug. 2013 11.27

Die GRÜNEN haben historische Verdienste. Sie haben uns mit der Nase auf unsere Umwelt gestoßen haben. Mittlerweile haben alle Parteien 'grüne Politik' im Programm. Das Kernthema der Grünen ist weg: Das Parteivermögen einer wohltätigen Organisation stiften und sich auf einem Parteitag verabschieden. Die Aktivisten der Grünen sollten anderen Parteien beitreten und da für Umwelt- und Energiefragen eintreten. Eine 'Umerziehungspartei' ist eine Sektierertruppe. Die Grünen haben noch nirgendwo regiert, sondern nur koaliert. Verändern kann man aber nur etwas, wenn die Damen und Herren Wähler mutig für eine absolute Mehrheit sorgen. Damit keine Missverständnisse aufkommen: Eine PDE wird in Zukunft (spätestens 2017) zur Volkspartei oder bleibt im Ghetto der Splitterparteien; dafür ist sie sich aber zu schade!
Unverändert erbärmlich!

Samstag 31 Aug. 2013 08.45 · *von Detlef Schlegel:*

Was sich in Syrien abspielt, demonstriert überdeutlich die menschliche Unfähigkeit, Probleme auf intelligente Art zu lösen.

Dass man durch Intrigen, mit Mord und Totschlag Probleme lösen möchte, hat nichts mit Intelligenz zu tun sondern bestätigt nur die grausame Fähigkeit des Menschen, sich weit unterhalb tierischer Verhaltensmuster zu bewegen. Tote Frauen und Kinder, verzweifelte und weinende Angehörige! Welche Ausgeburt der Hölle hält solche Methoden für strategische Raffinesse? Wenn unsere Welt, wie schon vor Urzeiten angekündigt, untergehen wird, dann weil die Kreatur Mensch im Verlauf seiner Geschichte unveränderlich unmenschlich geblieben ist.

31.08.13, 12:10

Im Prinzip richtig, Herr Schlegel ....
...passt nur nicht ganz zu Syrien und den Problemen des Islams im Zusammenleben mit der sog. 'Westlichen Welt'. Wir können den einen oder anderen Diktator zwar vernichten -vielleicht müssen wir das sogar, aber das mit der Demokratie-Einführung bleibt ein Traum. Der meist jüdisch-christlich geprägte Westen, wird von den arabischen und islamischen Ländern eigentlich abgelehnt. Ausnahmen bestätigen die Regel, wo es dem Geschäft dient: Zum Beispiel Öl verkaufen, Waffen und Flugzeuge einkaufen. Sunniten, Schiiten, Alawiten, Aleviten - die Salafisten wollen die Scharia durchsetzen, notfalls mit Gewalt. **Können wir die Demokratie durchsetzen, notfalls mit Gewalt??**

Traurige Wahrheit: Menschheit abschaffen - Alle Probleme gelöst..

Heute lese ich in der Dresdner Morgenpost die Agentur-Meldung „Krankenkassen schwimmen im Geld". Das ist eigentlich eine gute Nachricht, da Schwimmen bekanntlich gesund ist .Der Überschuss von mehr als 1, 2 Milliarden € bei den gesetzlichen Krankenkassen zeigt aber auch, dass viel Geld im System ist. Wie viel mehr könnte es wohl sein, wenn aus 143 Gesetzlichen Kassen, AOK + 2 weitere Anbieter werden? Das derzeitige System nützt nicht den Kranken, sondern den Kassen. – Wie hoch ist eigentlich der Überschuss / der Verdienst beim ‚Heer der Privatversicherer'? Die von mir gegründete PDE steht zur Gesetzlichen KK, der Freiheit der Privaten und dem Zwang das ALLE grundsätzlich 15% vom Einkommen als Sozialsteuer einzahlen; danach können dann ALLE machen, was sie wollen ...

Das Giftgas/Wer will schon Krieg führen - kein vernünftiger Mensch.

Das heißt aber nicht, dass man sich bei Angriff nicht verteidigen darf

(BPP)... das wäre selbstmörderisch. Leider prügelt sich die Welt seit Jahrtausenden. Die Methoden werden immer perfider. Besonders perfide ist, dass mit der Produktion von Waffen auch Geld verdient wird und weltweit damit auch unzählige Familien ernährt werden. Wer das in Abrede stellt, hat zwar edle Ansichten, aber lebt an der Wirklichkeit vorbei. In einem Punkt sollte allerdings eingeschritten werden: Die Produktion, der Vertrieb, die Lagerung und der Einsatz von Chemie-Waffen muss nicht nur von der UNO geächtet werden, sondern gehört weltweit verboten.

Wer gegen dieses Verbot verstößt, muss wissen, dass unmittelbar Sanktionen erfolgen und der Internationale Gerichtshof einschreitet.

Giftgas-Fabriken sind zu schließen und Bestände zu zerstören. Auch die Lagerung von vorhandenem Gas steht unter Strafe. Das alles entscheidet die UNO mit Mehrheit.

Der Sicherheitsrat hat in dieser Angelegenheit KEIN VETORECHT.

Bomben auf Syrien – das kann keiner mit Verstand befürworten. Aber gezielt Bomben auf die Paläste des Diktators und seine militärischen Einrichtungen, würde ich Zähne knirrschend hinnehmen; in der Hoffnung, dass es der Zivilbevölkerung hilft. Aber ob damit das Grundproblem gelöst wird – der Kampf um die Vormachtstellung im Islam? Das bleibt wohl eine Fata Morgana.

Kanzler-Duell ohne Blutvergießen - eine Art DSDKS

Montag 02 Sep. 2013 15.31

Steinbrück war angeblich Sieger, Merkel war sympathischer - Was soll das Alles. Das Deutsche Wahlrecht macht den Wähler zum Popanz. Auf keinem Wahlzettel kann 'Kanzler' gewählt werden. Auf keinem Wahlzettel ist eine Koalition notiert. Eins scheint festzustehen: Bei Rot - Grün - Rot heißt der Kanzler nicht Peer Steinbrück und bei einer Großen Koalition wohl auch nicht. Was dann ? Rot / Grün oder .... Nehmen wir mal an, es bleibt bei Frau Merkel - dann mit Herrn Trittin, Herrn Rösler, oder B.L. eine Schreckensvision. - die Damen und Herren Wähler (und Nichtwähler) können nur indirekt teilnehmen. Höchste Zeit für eine PDE, die kaum jemand kennt. Mit der als Volkspartei der Zukunft, gibt es wirklich Aussicht auf dringend notwendige Änderungen. Das aber bestimmen dann 2014 / 2017 die Wähler.

Und am Montagabend ging's dann weiter mit Gysi, Trittin und Brüderle. Letzterer war so eine Art ‚Einzelkämpfer' gegen den wirtschaftlich unterbelichteten Rechtsanwalt Dr. Gysi und einen möglichen Finanzminister ohne entsprechende Vorbildung, Trittin. Zwischendurch kam mir der Gedanke, dass 60 Millionen möglicher Wähler auch gern ausführliche Darstellungen der Piraten, der Freien Wähler, der AfD, der NPD, Der Violetten, der Partei der Vernunft, der Bibeltreuen Christen und und und erleben würden; insgesamt sind 34 Parteien auf dem Wahlzettel. Bald wird auch die PDE dazu gehören. Das wird aber nur geschehen, wenn sie über die notwendigen Mittel verfügt, um für ihr Programm mit Halb- und Ganzseitigen Annoncen zu werben. Für eine Splitterpartei ist die PDE wenig geeignet; aber das habe ich ja schon an anderer Stelle angemerkt.

Höhepunkt des TV-Abends: Der Satire-Gipfel mit Dieter Nuhr. Er machte endlich deutlich, dass Geheimdienste im Geheimen arbeiten, im Gegensatz zum Öffentlichen Dienst; wobei der auch längst nicht alles öffentlich macht ....

Das Renten-/ Pensionssystem fährt an die Wand

Dienstag 03 Sep. 2013 13.38

Wahrscheinlich nur die PDE spricht hier deutliche Worte (Klartext hält Herr Steinbrück besetzt). Mit 800 Zeichen lässt sich das nicht detailliert erklären. Nur soviel: Wir planen, wenn es die Damen und Herren Wähler frühestens bei Neuwahlen in 2014, sonst 2017 wollen, ein völlig neues System. Die bestehenden Renten / Pensionen, die über unserem Ansatz liegen, haben Bestandsschutz bis zum Lebensende. Ansonsten planen wir mit einem Übergang von bis zu 20 Jahren. Der Staat ist nur noch zuständig für eine Grundsiche-

rung, die PDE nennt das Haushaltsgeld von 1.2oo € für allein leben-
de sowie für einen Zwei-Personen Haushalt 1.500 €. Wer mehr
möchte, muss sich bei Zeiten selbst drum kümmern. Bei der PDE
wird eine Sozialabgabe von 15% für ALLE eingeführt.

03.09.13, 14:02

Die EU & der €uro sind unsere Zukunft !

Das dürfen wir uns nicht von national denkenden Menschen kaputt
machen lassen. In nicht mehr ferner Zeit müssen aus der EU die
Vereinigten Staaten von Europa werden.€uro als Gemeinschaftswährung / eine Zweitwährung, wie z.B. Drachme ist möglich, solange wie nötig. Vom Volk gewählter Präsident (zugleich Außenminister), Englisch für Alle, neben den Landessprachen, ein Parlament
der Delegierten aus den Mitgliedsstaaten, eine EU-Streitmacht mit
einem Verteidigungsminister, damit sind die nationalen Streitkräfte
überflüssig. Alle Mitgliedsländer der EU und später der Vereinigten
Staaten von Europa, befinden sich, wie die USA und ihre 50 Länder,
im wirtschaftlichen Wettbewerb. EINE SCHULDENHAFTUNG
ENTFÄLLT (Ausnahme Fälle von Höherer Gewalt, dazu gehört nicht
falsche Politik). Details s. PDE

Der bürokratische Hartz IV Irrsinn muss weg

Dienstag 03 Sep. 2013 16.38

Da haben jetzt sicher wieder Flur weise, fleißige Beamte und ihre
Zulieferer gerechnet und 'kalkuliert'. 2,3 % mehr ab 01-2014 ent-
sprechen einem Plus von 8 €, so glatt?? - es sind doch sicher 7, 93
oder 8, 12 €. Das ganze Hartz IV mit samt seinem Namen gehört auf
den Bürokratie-Müll. Es muss ersetzt werden durch ein völlig neues
Steuer-, Grundsicherungs- und Rentensystem. Alles nachzulesen im
Programm der PDE, der Volkspartei der Zukunft, die leider noch
kaum jemand kennt.

03.09.13, 18:36

von Ruben Schieler:
Na dann mal vorgeprescht und Vorschläge auf den Tisch!

04.09.13, 11:04

Herr Schieler - DER Vorschlag ist vorhanden
Mit 800 Zeichen kann man das nicht erklären - über PDE Infoportal
geht es zu den Vorschlägen....

**Das sind die kleinen öffentlichen Debatten, an denen sich leider
viel zu wenige beteiligen**

Am 4.9.. im Bundespresseportal

PDE informiert über ein überraschendes TV-Duell

(BPP) **Kanzler-Duell / Abklatsch von DSDS - Bei DSDS macht
die Wahl wenigstens Sinn... Beim DSDSSK haben die Damen
und Herren Wähler keine Chance.** Die Kanzlerschaft vergibt der
Deutsche Bundestag. Wer da sitzt, bestimmen zwar die Wähler und
indirekt die Nicht-Wähler, aber welche Koalition zum Zuge kommt,
bestimmt das Wahlrecht. Gucken Sie mal auf den Wahlschein: Kein
Schwarz / Gelb, kein Rot / Grün, keine Große Koalition, kein Rot /
Grün /Rot oder sonst eine Koalition. Sie haben zwar gewählt (und
das tun Sie bitte), aber das Programm der gewählten Partei wird
dann im Koalitionsvertrag 'verhackstückt'. - Effekt: Wir werden nicht
mit Verantwortung regiert, sondern gerade mal KOALIERT. Höchste
Zeit für die neue Volkspartei PDE - Wählen können Sie sie diesmal
noch nicht, aber die PDE stark machen durch Mitgliedschaft.

Der sog. Westen, muss noch viel lernen...

Mittwoch 04 Sep. 2013 11.25 ·
Solange Schiiten und Sunniten mit ihren Untergruppierungen - dazu
noch Salafisten, Hisbollah, Al Kaida & Co versuchen, Glaubensfragen mit Bomben und Morden zu klären und solange Allah das nicht

beendet, dürfen 'Ungläubige' nicht eingreifen. Wenn, dann mag das für einen Moment für Ruhe sorgen, dann geht es aber weiter. Der Irak liefert das beste Beispiel, Syrien wird folgen: Tyrannen und Diktatoren kann man vernichten. Das Volk kann frei wählen - Fazit: Es geht weiter um die religiöse Vormachtstellung, mit Bomben und Morden...Sind wir doch 'froh', dass es in Saudi-Arabien, den Emiraten, Kuwait und Marokko starke Führungspersönlichkeiten gibt.

Die Welt des Islams ist anders - mit westlich-christlicher und / oder demokratischer Sicht, ist das nur schwer zu begreifen - ich versuche es zumindest.

Jetzt geht's um die Folgen von Politik und Fehler des Marktes Die Kundschaft, der Markt hat entschieden

Mittwoch 04 Sep. 2013 12.08

Ich hoffe, dass die Mitarbeiter von Praktiker schnell neue Arbeit finden. Solange die Wirtschaft grundsätzlich floriert, sind die Chancen hoch. Wir sollten nochmal darüber nachdenken, ob 'Billig - Billig' nicht ein Fehler ist. Bei billigen Preisen bleibt immer Jemand auf der Strecke. Löhne und Gehälter sind wesentliche Bestandteile der Kosten. Statt immer höherer Löhne: Gewinnbeteiligung (eine PDE Forderung). Artikel und Dienstleistungen werden von Kunden bezahlt. Sind die Preise zu hoch, bleiben die Kunden weg. Im Falle Praktiker erleben wir gerade eine andere Perversität: Verdient das Unternehmen nicht genug, ist es pleite. Vielleicht machen die Gewerkschaften 'Praktiker' noch ein letztes Angebot. Gewerkschaften als Unternehmer - da bietet die Vergangenheit viel Anschauungsmaterial.

04.09.13, 16:20 **Falsche Analyse** *von Ernst Stern:*

Es gab gute Beispiele im eigenen Konzern, die Max Bahrmärkte .Hier stimmt das Sortiment, die Ausstattung der Preis .Die Praktikermärkte waren total herunter gekommen, dunkel schlecht geführt. Hier wurde seit Jahren nicht investiert nur Geld herausgezogen, dann sollen die Gewerkschaften schuld sein, weil diese für die Mitarbeiter gute Löhne fordern. Das Missmanagement der Manager und der Berater hat das Unternehmen gegen die Wand gefahren. Die Max Bahr-Märkte waren Vorzeigemärkte im Konzern. Solange Manager nicht haften für ihr handeln da wird sich nichts ändern. Leider sind die meisten Manager Nieten in Nadelstreifen und keine Ahnung vom Geschäft .Auf die Mitarbeiter wird nie gehört lieber holt man sich externe Berater .Das war es meist auch dann.

04.09.13, 18:00

Herr Stern, bitte etwas sachlicher...

Praktiker-Märkte hatten ein Billig-Image und kamen so im Markt nicht mehr zurecht. Das mit den Löhnen haben oder wollten Sie total missverstehen. Da ist meine Analyse absolut richtig. So was lernt man auf der Handelsschule. Es stimmt heute noch. Wenn Gewerkschaftsfunktionäre ausgebildete Kaufleute wären, wären sie besser.

Die Liste der nicht mehr im Markt befindlichen Firmen, die gewerkschaftlich geführt wurden, ist lang. In Sachen externe Manager haben Sie recht. Das geht nur selten gut. Aber hier sind meist Aktionäre im Spiel, also Eigentümer die kaum jemand kennt. In Frankreich heißt eine AG, S.A. – Societé anonym - Anonyme Gesellschaft. Bei privat geführten Unternehmen trägt der Unternehmer die totale Haftung. Lesen Sie bitte meine 'falsche Analyse' noch mal in Ruhe.

Konkurrenz fürs Kabarett

Mittwoch 04 Sep. 2013 10.05 · *von Otto Osmanow:*

Eigentlich laufen die deutschen Politiker im Theatersaal des Bundestages den Kabarettisten den Rang ab. Das Reichstagsgebäude schämt sich für die lausigen Vorstellungen.

Priol und Pelzig sollten überlegen, ob sie die Sendung „Neues aus der Anstalt" noch aufrechterhalten können, angesichts der Konkurrenz und der großen Zahl der Kabarettisten und Schauspieler im Bundestag. Ach ja, diese Autoritäten und Persönlichkeiten wollen gewählt werden und möchten bestimmen, wonach und woran sich die Bürger halten sollen. Alles klar!

04.09.13, 18:15

Herr Osmanow, es ist mehr ein Trauerspiel...

...wenn es wenigstens Kabarett wäre. Es wimmelt von Selbstdarstellern und Profil-Neurotikern. Die wenig wirklich guten Leute, halten den 'Laden' noch halbwegs zusammen. Wer ist aber Schuld an der Zusammensetzung des Bundestages? Es sind die Kreisparteitage der Monsterpartei CDUCSUSPDFDPGRÜNE, aber auch Die Linke. Bei Afd, NPD, Piraten und anderen ist es ähnlich. Wer wählt die dann alle - richtig, die Damen und Herren Wähler und Nichtwähler. 5,2% der arbeitenden Bevölkerung sind im Öffentlichen Dienst, etwas weniger als 1% sind Anwälte. Diese Minderheit dominiert die "Volksvertretung", zugelassen von einem antiquierten Wahlrecht. Nur die noch nicht wählbare PDE wird da durchgreifend etwas ändern, wenn die Damen und Herren Wähler es zulassen - sonst setzt sich das Trauerspiel fort.

Rausgefischt aus dem Meer der Meldungen ....
Ostsee-Zeitung, 4. September 2013
Leserbrief: Prof. Dr. Walter Fritz Müller, Weltenhagen

Zu „Tödliche Strahlung In Fukushima" (OZ, 2.9.):

In Fukushima ist kein einziger Mensch gestorben. In den letzten 50 Jahren ist in deutschen Kernkraftwerken kein Mensch gestorben. Auf unseren Straßen sind in den letzten 50 Jahren 400.000 Menschen gestorben. Das rührt niemanden. 75 Prozent der radioaktiven Strahlung, die jeden von uns trifft, ist natürlichen Ursprungs. 24 Prozent kommen durch medizinische Untersuchungen hinzu. Ein Prozent ist technischen Ursprungs (z. B. Keimfreimachen von Kartoffeln). Nur ein Prozent von diesem einen Prozent stammt aus Kernkraftwerken (KKW). Wer sich also wegen der Strahlung vor KKW fürchtet, protestiert gegen 0,1 Promille der Strahlung, der er täglich

ein Leben lang ausgesetzt ist. Das ist die Wahrheit über KKW. Sie können Ihre Antipathie nicht mit Zahlen belegen.
Eine völlig aus dem Rahmen fallende Anmerkung, die sicher wieder viel ideologischen Widerspruch auslöst …

In der ZDF-Sendung „Wie geht's, Deutschland" sollte Rainer Brüderle durch einen Zuruf blamiert werden. Brüderle sagt die Wahrheit zu Wahlversprechen...

Donnerstag 05 Sep. 2013 15.05

"Wenn man viel sagt, Erwartungen hat und nix herauskommt" .Die Gemeinheit kam aus dem teilweise parteiischen Publikum. Der Zuruf FDP, hätte genauso gut CDU, CSU, SPD und Grüne heißen kön-nen. Das Problem der gebrochenen Wahlversprechen liegt am anti-quierten Wahlrecht. Wir werden nicht mehr verantwortlich REGIERT, sondern nur KOALIERT und dann kommt es eben zu faulen Kom-promissen und Weglassen ganzer Wahlversprechen. Rainer Brüder-le hat ehrlich die Wahrheit gesagt. Der Skandal ist, ihn deswegen zu veralbern. Gestern wurde deutlich, dass der 'Facharbeiter-Mangel' auch schon den Bundestag erreicht hat.... Es wird Zeit für neue Poli-tik mit der noch unbekannten PDE, der Volkspartei der Zukunft.

Gibt SPD-Chef Gabriel Rot-Grün auf?

Donnerstag 05 Sep. 2013 15.47

...so zumindest kann man seine aktuelle Äußerung zur Veränderun-gen beim EEG verstehen. Wie will er dann mit den GRÜNEN und Herrn Trittin koalieren, wenn er deren liebstes 'Spielzeug' in Frage stellt? Es gibt ohnedies nur eine einzige Partei, die ein völlig neues Energie-Konzept präsentiert:

Die kleine, noch unbedeutende PDE (Infoportal) mit dem ENERGIEMIX - da liegt die bezahlbare Zukunft mit den kurzen Ka-belwegen. Am Politikwandel führt kein Weg mehr vorbei.
Die aktuelle Alternative zu Schwarz-Gelb, wird auch zu Rot / Grün / Rot führen, wenn es die Zahlen erfordern.

Regieren geht nur per absoluter Mehrheit, koalieren führt zu Murks und zum vorhersehbaren Bruch der Wahlversprechen.

Focus-Online berichtet über riesige Renten bei den Dax-Konzernen

Freitag 06.Sept. 2013 – 17.53

Ich beteilige mich an keiner Neid-Debatte...

In Sachen Altersversorgung hat die PDE ein in die Zukunft weisendes Konzept. Jeder muss sich während seines Arbeitslebens, um seine Rente und Pension selber kümmern. 15% Sozialabgaben für alle Einkommen. Da ist es nur gerecht, dass die Geringverdiener natürlich weit geringerer Beträge zahlen, als die Großverdiener und Millionäre. 15% von 1.500 sind 225 €. Wer 15.000 € verdient ist schon mit 2.250 dabei. Ganz oben sieht es entsprechend höher aus. Jeder Millionär zahlt eben einen höheren Sozialbeitrag. Das ist gut und gerecht. - Die PDE will die ganze Altersversorgung umkrempeln. Der Staat sichert, nach dem Konzept der PDE, nur das Überleben mit dem 1.200 bzw. 1.500 € Haushaltsgeld. Alles andere ist Privatsache.Renten u. Pensionen sind bis 3.ooo € inkl. Zuverdienst steuerfrei.

Focus-Online beleuchtet den deutschen „Ist-Zustand" Monsterpartei CDUCSUSPDFDPGRÜNE

Samstag 07 Sep. 2013 12.03

Die einen mehr, die anderen weniger, sind mitverantwortlich für den derzeitigen Stand der Dinge. Nahezu ausgeschlossen ist, dass es mit Die Linke, Piraten, AfD, NPD & Co unserem Land besser gehen kann. Wer das glaubt, verdrängt Realitäten. Nach meiner sehr persönlichen Sicht, könnten höchstens die Freien Wähler etwas zur Verbesserung beitragen. Was leider nicht auf dem Wahlzettel steht, ist eine Partei der Unternehmer & Arbeitnehmer, ehemaligen und aktiven, eine Lobby für Deutschland in Europa. Ständige Leser von FOCUS-ONLINE ahnen, dass jetzt der Hinweis auf die PDE erfolgt (was hiermit erfolgt ist). Warum auch soll man den Hinweis auf eine bessere Politik verstecken, die sich der SOZIALEN MARKTWIRTSCHAFT und der florierenden Wirtschaft im Interesse Aller, verpflichtet fühlt?!

Meldung des BPP – Bundespresseportal v. 9.9.13 – 08:00

Die PDE stellt fest: Unsere Strompreise sind ein Skandal Weltweit liegt Deutschland mit Italien, man höre und staune, weit vor Österreich, Polen, Finnland, Schweden, Kanada, USA

(BPP) Der Staatsanteil der Stromkosten liegt in Deutschland bei rd. 50% = 31,6 Mrd. + MwSt. Da ist es schon eine Frechheit, wenn einige Parteien damit werben (z.B. die SPD), dass in den ersten 100 Tagen, die Stromsteuer (7 Mrd.) um 25% gesenkt werden soll. Das zeigt wieder mal deutlich, dass die 'politischen Herrschaften' in einer anderen Welt leben. - Es lohnt sich, sich mit dem ENERGIEMIX - Konzept der PDE zu beschäftigen. Das ist frei von Ideologie. Ein Klick auf www.pde-online.eu öffnet den Blick auf eine andere Politik; leider noch nicht wählbar. Wir sind an den Tücken der Wahlrechts-Bürokratie gescheitert. Schon bei möglichen Neuwahlen in 2014, spätestens aber 2017 werden wir 'loslegen', wenn es denn die Damen und Herren Wähler wollen. Nur mit einer großen Mehrheit kann man REGIEREN UND VERANTWORTEN, sonst verkümmern Wahlversprechen in einer Koalition. Wir werden dann nicht regiert, sondern koaliert. Wenn's schief geht oder nicht gut läuft, ist immer der Partner schuld. Nein, es sind die Damen und Herren Wähler sowie unser antiquiertes Wahlrecht.

**FocusMagazin – Bericht –
Welche Partei würde Ihr Portemonnaie wählen?**

Montag 09 Sep. 2013 11.20

Viele Portemonnaies würden PDE wählen - zumindest deren Besitzer und Besitzerinnen. - Leider geht das noch nicht, weil die PDE an der Wahlrecht-Bürokratie gescheitert ist - los geht's frühestens bei möglichen Neuwahlen 2014 und spätestens 2017. Möglichst schnell will die PDE sich zu einer großen Volkspartei entwickeln. Wir werden seit Langem NICHT MEHR REGIERT, SONDERN NUR NOCH KOALIERT. Dabei bleiben Wahlversprechen zwangsläufig auf der Strecke. Die PDE verspricht und wird halten, wenn es die Mehrheit der Damen und Herren Wähler will. Für eine Splitterpartei ist sich die PDE zu schade. Warum? Antworten liefert das PDE Infoportal. - Steuern, Altersversorgung, Gesundheit, Sicherheit, EU & € stärken OHNE SCHULDENHAFTUNG. Allein in diesen Punkten und einigen mehr steckt viel Brisanz.

Chemie-Waffen abliefern - eine kluge Forderung

Montag 09 Sep. 2013 12.09

Wer immer sich das ausgedacht hat - Hut ab ! Hier kann Syrien guten Willen demonstrieren - sonst sollte eine gezielte Aktion, die militärischen Anlagen zerstören - damit die Zivilbevölkerung wieder zur Ruhe kommt -tut sie das aber wirklich, wenn sich Schiiten, Sunniten und ihre Unterabteilungen weiter 'heilige Kriege' um die Vormacht liefern...? Haben westliche Demokratien überhaupt den richtigen Blick auf die Dinge, zumal der Westen zu den Ungläubigen zählt - zumindest aus islamischer Sicht?!.
Die von mir gegründete PDE, geht in Sachen Giftgas noch weiter: Die Produktion und Lagerung von Giftgas gehört nicht nur geächtet, sondern muss weltweit verboten werden. Wie da wohl der Sicherheitsrat der UN abstimmt - bin gespannt auf Russland, China und die USA.

Auf einen kessen Kommentar von mir im Focus-Online wartete ich vergebens; war denen wohl zu frech oder sie haben meine Art von Humor nicht verstanden....
PUTIN und OBAMA, Russland und die USA schwenken auf den Kurs der PDE ein...- Auch hier wissen Sie, verehrte Damen und Herren Leser, wie's weitergegangen ist.

Am Abend des heutigen Tages, wurden Millionen in Deutschland Opfer und Nutznießer einer genialen Programmplanung – ein Schelm, wer dabei Böses denkt...RTL präsentierte die Show der U-

Giganten Thomas Gottschalk und Günter Jauch – unter ‚Betreuung'
von Barbara Schöneberger. Sie traten an gegen die ARD-
Wahlarena mit dem Star Angela Merkel; hinten drauf gab's dann
noch Frank Plasberg (Hart aber fair). Die Goldmedaille (6,85 Mio)
ging an die Show-Giganten. Silber ging mit 3,5 an Frank Plasberg
und auf dem Bronze-Platz lag die Kanzlerin mit immer noch 3,18
Millionen Zuschauer, die hoffentlich auch Zuhörer waren. – Verblüfft
war ich, dass die erste Stunde bei der RTL-Show nicht von Werbung
unterbrochen wurde (sollte da wohl das Umschalten vermieden werden…?) – Da ich über einen Mangel an Informationen nicht klagen
kann, leistete ich mir den Luxus, in den wenigen Werbepausen zu
Angela zu zappen und später zu ‚Hart aber fair' – das hat denn auch
gereicht …

Betriebsrente / DRV - Rente??

Mittwoch 11 Sep. 2013 13.14

Kann es die Aufgabe eines Unternehmens sein, die immer größer
werdende Zahl ehemaliger Mitarbeiter zu versorgen. Wer will das
noch erwirtschaften? Permanente Rücklagen schädigen das Unternehmen. Besser sind höhere Gewinne an denen die Mitarbeiter beteiligt werden. Geringe Kosten - hohe Gewinne. Auch der Staat fährt
sich mit seinen Aktiven aber vor allem den Pensionären an die
Wand. Die PDE Politik für Deutschland in Europa will das System
völlig umbauen. 15% Sozialabgaben auf ALLE Einkommen. Der
Staat ist keine Rentenversicherungsanstalt. Er sichert mit einer
Grundrente nur das Überleben (Wohnen, Verpflegung, gesetzliche
Krankenkasse) - Wer mehr will, muss vorsorgen. Erst PDE-
Programm lesen, dann kommentieren, sage ich vorsorglich.

Anschließend ging es dann noch mit ANNE WILL in die Nacht

Eines der großen Themen, das eigentlich ganz einfach ist: Ehegat-
ten-Spltitting. Splitting hin – Splitting her, was und wie in einem
Haushalt verdient wird, fast egal, es interessiert doch nur die Summe. Ob einer verdient oder zwei; selbst wenn ein erwachsenes Kind,
das noch bei Mama und Papa wohnt und was dazu tut. Die Summe

ist der zu versteuernde Betrag. Alle anderen Modelle beschäftigen nur die Bürokratie. – Über Koalitionen wurde natürlich auch wieder geredet. Warum stehen die eigentlich nicht auf dem Wahlschein; quasi als dritte Möglichkeit. – Der ARD Deutschland-Trend zeigt die ganze Palette…Die heimlichen ‚Großen' Grüne 10%, Linke 8, FDP 5 gegenüber einer Union mit 40/41% + SPD 27% - Dann noch eine niedrige Wahlbeteiligung – haben wir dann wirklich ein Parlament als ‚Volksvertretung'.

Und an anderer Stelle, bei PlusMinus u.a. das beliebte Thema ‚Gesundheit' – Ich frage nur ganz knapp: Im Krankenhaus verlangt jeder Ein-Bett-Zimmer und Chefarzt-Behandlung. Wie geht das ? Was kostet das?

Bei ‚Markus Lanz' fielen mir dann die Augen zu …
Gute Nacht, Deutschland.

Meine Wahrnehmung: P.Steinbrück - ARD Wahlkampf Arena

Donnerstag 12 Sep. 2013 11.43

Langer Beitrag eines jungen, ideologisierten "Klima-Experten". Es folgte ein 'Klima-Papperlapapp" eines "zukünftigen" Bundeskanzlers, der wohl kaum Chancen hat, weil er die Große Koalition und Rot - Grün - Rot ausschließt, es sei denn, es erfolgt nach der Auszählung der erste Wortbruch … ansonsten Steuergeschwafel und geschicktes Vorbeireden an der Schuldenhaftung. Großer Applaus kam auf, als P.St. einem potentiellen Wahlverweigerer sagte (freies Zitat): "Eigentlich ist es Ihre Pflicht, an der Wahl teilzunehmen..." - Die PDE stellt schon lange fest, dass unser antiquiertes Wahlrecht, dringend überholt werden muss. - Es muss wieder möglich sein, dass absolute Mehrheiten entstehen.
KOALITIONEN sind der 'automatische' Bruch von Wahlversprechen. WIR WERDEN NICHT REGIERT SONDERN KOALIERT....

12.09.13, 12:11 *von Erich Krimmler:*

Sehr geehrter Herr Jobig, noch ein Artikel, der gegen Sie persönlich gerichtet ist. " Die PDE stellt schon lange fest, dass unser antiquiertes Wahlrecht, dringend überholt werden muss" so Ihre Aussage. Ganz schön dreist für eine Partei, die erst im Juni 2013 eingetragen wurde. Was Sie nicht aussagen, ist die Tatsache, dass die PDE eine Ein-Mann-Splitterpartei ist, deren Gründer Sie selbst sind. Ein Parteigründer, der sich wie ein Diktator in der Satzung der PDE gem. § 1 Abs. die Richtlinienkompetenz über die politischen Ziele der PDE zusichern lässt (kann im Internet überprüft werden). Schon dieser Passus in der Satzung der PDE ist für mich Grund genug, die PDE zu meiden. Ähnliche Kommentare werde ich zu jedem Ihrer Werbe-Kommentare für die PDE verfassen, wenn Sie sich darin nicht als Gründer der PDE outen.

12.09.13, 12:43 - Herr Krimmler, ich zittere jetzt schon vor Angst..

Richtig, wir sind NOCH eine kleine Splitterpartei. Das wird sich aber ändern - bis hin zur Volkspartei der Zukunft, wenn uns erst, außer Erich Krimmler, ein Millionen-Publikum kennt, dem es um die Sache geht. Richtig ist auch, dass unser antiquiertes Wahlrecht dringend überholt werden muss. Richtig: Ich bin Gründer der PDE und arbeite mit meinen Freunden ständig an der Weiterentwicklung. Es ist logisch, dass ich für das von mir entwickelte Programm werbe. Wem meine Richtlinienkompetenz, in der von mir gegründeten PDE, nicht gefällt, muss ja nicht eintreten und schon gar nicht PDE wählen (frühestens 2014). Es gibt über 100 andere Möglichkeiten. - Aber bitte, Sie können sich gern weiter an mir abarbeiten. Danke für die Werbung. Was haben Sie bloß für ein vermurkstes Demokratie-Verständnis:

12.09.13, 13:24 *von Erich Krimmler:*

Herr Jobig, Sie müssen gar nicht vor Angst zittern. Träumen Sie ruhig weiter, die PDE wird niemals über den Status einer klitzekleinen Splitterpartei herauskommen. Es ist auch nicht logisch, dass sich ein Parteigründer in diktatorische Weise eine Richtlinienkompetenz auf Lebenszeit per Satzung zusichern läßt, was übrigens keinesfalls als Demokratieverständnis zu werten ist. Ich überlasse den Usern die Entscheidung, wer von uns beiden ein "vermurkstes" Demokratieverständnis hat.

12.09.13, 14:36 - Erich Krimmler und 'das letzte Wort'

Es ist die von mir gegründete PDE, mit dem von mir stark beeinflussten Programm - das kann man unterstützen oder es lassen. Und ab jetzt können Sie schreiben was Sie wollen...aber das tun Sie ja sowieso. Wenn ich ab jetzt 'Erich Krimmler' lese, fällt mir immer ein Lied des Hamburger Couplet-Sängers, Richard Germer, ein "Gaanich um kümmern, gaanich um kümmern"

Ja, das kann passieren,
wenn man sich öffentlich zu Wort meldet

Die Hacker und das Ausspähen

Donnerstag 12 Sep. 2013 18.40

Datenskandal - wir werden uns auch daran gewöhnen müssen. NSA hin, NSA her - bei einer Überprüfung von 500 Millionen Daten nahezu täglich, kann man sich relativ sicher fühlen, schwierig wird es für die, die den regelmäßigen Kontakt nach Pakistan pflegen oder nach Afghanistan und Attentate planen. - Gefährlicher sind die nicht erfassten Aktionen von Hackern. Die gehen gezielt vor, sogar im Auftrag. Die kriegen sogar noch eine "Werbeplattform" in TV-Talkshows- sie sind die guten Spione. Wer seine Daten ins Netz stellt, muss mit allem rechnen. Firewalls & Co sind nur eine technische Herausforderung für Hacker und andere Fachleute.

Internationale Verlogenheit und Glaubenskriege

Freitag 13 Sep. 2013 12.00

Die Verlogenheit ist das 'Herum-Eiern' um einen weltweiten Verzicht von Giftgas.

Die Ehrlichkeit beginnt mit einem Verbot der Herstellung und Lagerung, sowie dem Vernichten der bestehenden Vorräte. Wenn das in der UNO nicht einstimmig geschieht, wird der Welt deutlich gemacht, welche Staaten Heuchler sind (Ich bin kaum gespannt). Und immer wieder: Wir 'Ungläubigen' wollen in Islam geprägten Ländern, die Demokratie einführen?! Im Regelfall heißt das doch: Meistens dominieren die Sunniten mit den Aleviten, die Schiiten mit den Alawiten, zu denen auch Assad gehört. Aleviten und Alawiten: Das musste ich erst genauer lesen, außerdem ist hilfreich, sich in die 'friedliche' Welt des Korans zu begeben. Wir sollten uns raushalten. Putin und Obama geht es nur um Einflussnahme im eigenen Interesse

Putin & Obama besuchen Kirchen und beten. Das macht beide als Mittler zwischen den verschiedenen Islam-Gruppen als wenig bis gar nicht geeignet. Das überhaupt mit Ihnen geredet wird, hat ganz einfache Gründe: Entweder geht's um Waffen, oder um Öl. Das eine verkaufen Putin und Obama gern; wir übrigens auch. Mit Waffen lassen sich dann auch Glaubensfragen „klären"… Viele arabische Länder haben Öl, was sie gern verkaufen – auch an ‚Ungläubige'.

Fukushima - Panikmache und kein Ende

Freitag 13 Sep. 2013 11.15

Das beste an diesem Bericht, sind die Landkarten. Sie machen die "Katastrophe" deutlich. Vielleicht rechnet mal einer aus, wie viel Tonnen Wasser der Pazifik enthält. - Beeindruckend war jüngst im Weltspiegel der ARD, dass japanische Familien seit Jahren, nur 8 km entfernt von Fukushima, regelmäßig im Pazifik baden - wie Untersuchungen bewiesen, ganz ohne Schäden. Spannend ist in diesem Zusammenhang auch ein Wissenschaftler-Leserbrief in der Neuen Züricher Zeitung, der darauf hinweist, dass für den Genfer-See sofort 'Katastrophen-Alarm' ausgelöst werden müsste, wegen der natürlichen Dauerbelastung durch Uran. - Runter von der Panikmache: Die PDE plädiert für den Ideologie freien ENERGIEMIX ganz ohne Panik, auch mit GAU / SuperGau-freien KKW - Opfer von 'Atomkraft - Nein Danke'.

14.09.13 – 12:58 im Bundespresseportal

Das deutsche Sprichwort "Klein, aber fein" ist für die derzeitige PDE maßgeschneidert / Irgendwann wollen wir dann die Version "Groß und trotzdem fein" zur Wahrheit verhelfen

(BPP) Ganz ohne Tricks und doppelten Boden. Wir reden und manipulieren uns nicht 'groß', wie es offensichtlich die AfD tut, die, wie einem Video-Text zu entnehmen ist, sogar durch Mitglieder die FDP betreut. - Es hat zwar für den 22.09. leider noch nicht geklappt, weil wir unser antiquiertes Wahlrecht unterschätzt haben. Das hindert uns aber nicht, für mögliche, vorgezogene Neuwahlen, spätestens aber 2017, bereit zu sein. - Wer unser Programm liest weiß, dass unser Anspruch 'Volkspartei der Zukunft' durchaus alle Chancen hat. - Wir müssen nur bekannt werden. Das geht am Besten, wenn die Zahl unserer Mitglieder schnell auf 10 - 20 Tausend steigt, damit wir die Mittel zur gezielten Werbung haben. Eine PDE wird nie Plakate aufhängen, allein schon des Wortes 'aufhängen' wegen. Werbung, wenn wir die finanziellen Mittel haben, gibt es über Anzeigen in Printmedien, dem Internet und über die vielfältigen Formate des Fernsehens. Wir werden auch nie 'um Ihre Stimme bitten'. Unsere Damen und Herren Wähler machen wir höchstens 'sprachlos' über einen anderen Politik-Stil. Wir verabschieden uns vom Typ "Berufspolitiker". Für eine Splitterpartei sind wir uns zu schade. Wenn Sie mehr und Detailliertes wissen wollen, geht das über www.pde-online.eu oder direkt über karl.jobig@pde-online.eu

Matthias Machnig: Qualifikation und Moral...

Sonntag 15 Sep. 2013 11.24

Soziologie, Geschichte, Anglistik, Erziehungswissenschaften legten die Grundlage für einen Unternehmensberater, bevor es in der Polit-Karriere steil nach oben ging. Wikipedia lesen macht schlau und deutlich, wie es mit der Kompetenz eines zukünftigen Energieministers aussieht (Kompetenzteam Steinbrück). Über die Abkassier-Moral steht da nichts. Der Mangel an Fachleuten in der Politik ist unübersehbar.- Eines der Ziele der PDE, ist der Abschied vom Berufspolitikertum. Mal abgesehen vom „politischen Naturtalent

Merkel" - ein Militärarzt ist Wirtschaftsminister, ein Rechtsanwalt kümmert sich um Energie, ein Berufsschullehrer ist Parteichef, jemand ohne Vorbildung will Finanzminister werden. Diese Auswahl ist beliebig, so beliebig wie die Besetzung wichtiger Positionen.

1. Hochrechnung ‚Bayernwahl'
Ministerpräsident Horst Seehofer darf sich freuen: Seine CSU fährt bei der Landtagswahl in Bayern ein Spitzenergebnis ein und liegt in einer ersten Hochrechnung bei rund 49 Prozent. Die SPD kommt auf 21 Prozent. Die FDP droht an der Fünf-Prozent-Hürde zu scheitern. Die Liberalen bringen es in der 18-Uhr-Umfrage der ARD nur auf etwa drei Prozent. Mit einem guten Ergebnis warten die Freien Wähler auf: Sie liegen in der ersten Hochrechnung bei 8,5 Prozent und ziehen damit nach dem Debüt vor vier Jahren wieder in den Landtag ein. Die Grünen müssen sich mit mageren 8,5 Prozent begnügen.

Die derzeitigen Hochrechnungen deuten auf die Möglichkeit einer Alleinregierung der CSU in Bayern hin. Mittlerweile, um 19:3o scheint die Sache klar zu sein:
Absolute Mehrheit für die CSU – Für die Demokratie ist so ein klares Ergebnis gut: Wer allein regiert, hat das Vertrauen der Damen und Herren Wähler. Das darf nicht enttäuscht werden. Für die nächsten Jahre liegt in Bayern die Verantwortung bei der CSU ohne „Wenn und Aber". Egal wie man zur CSU und Seehofer steht:
Die Verantwortung ist geklärt. Die Mehrheit regiert und alle anderen müssen das aus der Opposition kritisch begleiten.

Klare Verhältnisse wünsche ich mir auch in Berlin…

‚Jauch im Gasometer' lieferte den Beweis, wo Parteien-Vielfalt auch hinführen kann: Alle quatschen durcheinander. Die nicht repräsentativen ‚Studio-Klatscher' verstärken das noch. Eine Totale des Publikums wäre bei ‚Klatsch-Einblendungen' sinnvoll – man sieht, wie viele klatschen.…

Focus online - Montag, 16.09.13 – 12:05

**Als Spitzenkandidat untragbar – Pädophilie – Affäre:
CSU fordert Trittin zum Rücktritt auf**

Moralische Wertungen und Ereiferungen sind nicht mein Ding. Jugendsünden ? Dass GRÜNE oft genug extrem sind, weiß man. Schwule, Lesben, Homo-Ehe, Auslöser hoher Stromkosten - früher auch mal Pädophilie und ein Steine schmeißender Taxifahrer, der später ein guter Außenminister wurde. Dass jetzt aber, wohl auch eine Jugendsünde, ein ehemaliger 'Jung-Kommunist' zum Finanzminister werden will, geht dann doch zu weit. Grüne haben ohne Zweifel große Verdienst. Sie haben uns für die Umwelt sensibilisiert. Heute haben sich "Bündnis '90 - Die Grünen" überlebt. Eigentlich haben alle Parteien begriffen, dass wir nur eine Welt haben. Wie man daraus die richtigen Schlüsse zieht, steht auf einem anderen grünen Blatt.

16.09. – 14:13

**Das unbekannte Dorf, das Ground Zero beliefert.
<u>Ich wage einen abenteuerlichen Vergleich !</u>**

Das unbekannte Süd-Tiroler Dorf Laas, das den Marmor für das World-Trade-Center liefert kennt kaum jemand - trotz der hohen Marmor-Qualität. Die PDE Politik für Deutschland in Europa kennt auch kaum jemand - trotz der hohen Politik-Qualität. - Sehen Sie, so abenteuerlich ist der Vergleich vielleicht gar nicht. Laas macht Mut - Qualität setzt sich durch, wenn das Produkt erstmal bekannt ist....

Und noch 2x ganz was anderes

Leih- und Zeitarbeit kommt auf den „ernst zunehmenden" Sendern nahezu täglich zur Sprache. Die missbräuchliche Anwendung dieser an sich guten Absicht gehört abgeschafft. Zeitarbeit war gedacht als Möglichkeit, um in Spitzenzeiten den Auftragsdruck abzuarbeiten. Sie war nicht dafür gedacht, durch juristische und schlitzohrige Tricksereien, Löhne zu drücken. Die Lösung: Die neu gewählte Re-

gierung und wenn's die alte ist, muss die Zeit- und Leiharbeit be-
grenzen: Vorübergehend = maximal ein halbes Jahr.
Zeit- und Leiharbeiter verdienen wie die Stammbelegschaft. Die
Zeitarbeitfirma stellt für ihren Service den Auftraggebern, je nach
Aufwand, einen vorher abgemachten Betrag in Rechnung + MwSt.

<u>Teil 2</u>
Mein Programm ‚Sozialer Wohnungsbau' (siehe 9.August)
Es fehlen 300 Tausend Wohnungen u. Kreativität

Montag 16 Sep. 2013 18.53

Auf die Gefahr, dass all meine Kommentar-Kritiker wieder loslegen.
Es gibt ein durchgerechnetes Programm von mir und der PDE, das
ich hier in 800 Zeichen nicht erklären kann. Es wäre auch sinnlos,
weil ich wieder die 'Experten' aufschrecke. Wer Interesse hat und
vor allen Dingen auch finanziell in der Lage ist, zu planen, zu bauen
und zu vermieten, kann ja mal den Versuch unternehmen, mit mir in
Kontakt zu treten. Dieser Kreis ist naturgemäß sehr klein - und wahrscheinlich spreche ich ihn auf diesem Weg auch nicht an. Der Kreis
der Meckerer, Besserwisser und in-Frage-Steller ist weit größer und
einfacher zu erreichen. Am Liebsten sind mir die Anonymen mit der
'sprachlichen Vermummung' - kann ich wg. NSA & Co. gut verstehen... (Achtung: Ironie).

Das war wieder mal ein ‚Blick hinter die Kulissen der
Online - Kommentare' Ich bin unsachlichen Kummer gewöhnt...

Frei nach Roberto Blanco..."Ein bisschen Spaß muss sein..."
SIXT hat Humor

Montag 16 Sep. 2013 12.57

Wenn der Autoverleiher jetzt noch freiwillig die im Bußgeld-Katalog
vorgesehene Geldstrafe an 'Ärzte ohne Grenzen' überweist, stellver-
tretend für Herrn Steinbrück, macht die Aktion, aus harmlosem Anlass, noch mehr Sinn.

Meine Frau und ich zeigen uns 'den Finger' täglich... Bei uns heißt das: Liebling, Du bist meine Nummer 1

**Nach Stinkefinger-FauxpasSteinbrück:
„Ich bin Kandidat, nicht Bundeskanzler"**

Dienstag, 17.09.2013, 10:14

In die Abteilung ‚Humor' gehört dann sicher noch der ‚Drohnen-Angriff' eines durch geknallten Piraten auf Angela Merkel, bei einer Wahlkampfveranstaltung in Dresden. – Hier ging's nur um ein Foto. Die Sache selbst zeigt aber, dass diese ‚Spielzeuge' auch zum Transport einer kleinen Bombe benutzt werden können. – Spinner gibt es viel zu viele auf der Welt.
Ohne jeden Zusammenhang weise ich lieber darauf hin, dass die ‚Concordia' wieder schwimmt mit einem 600 Millionen € Aufwand …Vielleicht gibt es zum ‚Stinkefinger' und zum ‚Foto-Drohnen-Angriff' und der ‚Concordia' doch einen Zusammenhang?! – Schrott auf der ganzen Linie…

‚Die Schrottmeldung des noch jungen Tages' – KEIN WITZ

Hollande gibt Kindern Schuld an hoher Arbeitslosigkeit…

Der französische Staatspräsident, Francois Hollande (59),
selber 5 Kinder, sieht die Ursachen der Jugendarbeitslosigkeit in Frankreich unter anderem darin, dass die französische
Mutter im Schnitt 2 Kinder gebiert. In Deutschland sind es 1,36 – weiter Hollande – Die französische Volkswirtschaft müsse mehr Wachstum ‚generieren', im Vergleich zu anderen Staaten, weil mehr junge Leute auf den Arbeitsmarkt kämen…

Meine Anmerkung: Noch alle Weingläser im Schrank, Herr Präsident ?? Mir kommen die Tränen – oder war das auch als …
‚Steinbrücksche-Ironie' zu verstehen …??

Große Debatte auf allen Ebenen um mögliche Koalitionen

Dienstag 17 Sep. 2013 14.18

Kann man Koalitionen wählen? NEIN ...
...bestenfalls indirekt. Sie machen am Kandidaten Ihrer Wahl ein Kreuz. Mit der Zweitstimme legen Sie Ihr "Wählerschicksal" in die Hände der Partei, die Ihnen über die Landesliste sogar Leute vorsetzt, die bei der Wahl im Wahlkreis durchgefallen sind - wer auf der Landesliste vorn liegt, ist drin.. ob es den Damen und Herren Wählern gefällt oder nicht. Wir wählen 299 Personen direkt.300 - 400 kommen incl.Überhangmandate hinzu. Das alles führt, bezogen auf unsere Einwohnerzahl, zu einem der größten Parlamente der Welt. Diese Geld-Vernichtung lässt unser antiquiertes Wahlrecht zu. Die unbekannte PDE will, dass 299 Abgeordnete in den Bundestag kommen die je 50 best platzierten Zweiten u. Dritten, damit auch die kleinen Parteien eine Chance haben. Wir müssen REGIERT werden, nicht KOALIERT

Und ganz spät noch ... Markus Lanz

Die Erfolgsautorin, Birgit Kelle, Verfechterin der Mutter-Kind Beziehung und somit Nicht-Befürworterin einer Möglichkeit, in einer Männerbeziehung ein Kind zu adoptieren, machte deutlich, dass immerhin 80% der Kinder bei den Eltern aufwachsen. – Ich schließe mich denen an, die eine **Homo-Ehe akzeptieren, die aber ohne Kinder. Männer sind nun mal keine Mütter, selbst wenn sie es sich einreden.**

Mittwoch, 18.09. / nach dem Frühstück

Für gute Gesundheit: Privat versichert

Einer Agenturmeldung ist zu entnehmen, dass Gesundheitsminister Bahr (FDP), Experte Prof.Lauterbach (SPD) sowie die Fraktionschefs von CDU und SPD, Kauder und Steinmeier bei den Privaten sind... Der vielgescholtene Trittin ist bei der Gesetzlichen. Auf Fragen zur Krankenkassen-Zugehörigkeit antworteten von 620 Abgeordneten 332. Interessant ist auch und das ist für mich, selber bei der AOK, dass 90% der Deutschen gesetzlich versichert sind – Wussten Sie das ...?

Die können versprechen, was sie wollen...

Mittwoch 18 Sep. 2013 12.18

Solange die Damen und Herren Wähler nicht per absoluter Mehrheit entscheiden, bleiben Wahlversprechen Schall & Rauch. Solange wir KOALIERT STATT REGIERT werden, spielt Wählerwille nur eine Nebenrolle, weil eine Koalition gar nicht gewählt werden kann - nur sehr indirekt.. Die PDE freut sich auf mögliche Neuwahlen oder auf ihre Teilnahme 2017.

18.09.13, 14:22

Deutschland und die Wahl

von Rainer Zschögner
Nichtwähler, unzufriedene Wähler, zu viele Menschen in Deutschland wünschen sich eine andere Politik. Das hört man an jeder E-cke. Die Einen sagen, man kann wählen wen man will, es ändert sich nichts. Die anderen sagen, wen soll man eigentlich wählen, die machen doch sowieso alle was Sie wollen. Kein Wunder. Neue Parteien haben es schwer in den Bundestag zu kommen, um etwas ändern zu können. Unser Wahlrecht macht es möglich, die etablierten Parteien vor den Kleinen zu schützen. Wahlkampfmittel (Steuergelder) bekommen nur die Großen. Dazu kommt der Bürokratismus im Wahlrecht. Der Schaden, welcher durch die etablierten Parteien inzwischen entstanden ist, spiegelt sich im Desinteresse der Bürger wieder. Das Programm der PDE kann da viel ändern, es ist verständlich und fair. Einfach mal lesen.

Syrien: Das Gequatsche, Räsonieren und Töten geht weiter.

Heute lese ich, was ich schon lange ahne, nein, weiß:
Das Gemetzel ist de facto ein Glaubenskrieg. Die Islamisten im syrischen Rebellenlager gewinnen an Oberhand. Nicht überprüfbare Zahlen sagen, dass auf der Oppositionsseite etwa 100 Tausend Kämpfer sind, davon rund 45 Tausend Hardliner und von denen wiederum etwa 10 Tausend die für den weltumspannenden ‚Heiligen Krieg' kämpfen. Und da wollen ‚die Ungläubigen' Demokratie einführen??? – Wir müssen höllisch aufpassen, dass wir nicht in einen Weltkrieg der besonderen Abscheulichkeit reinrutschen. Die EU und ihre Freunde dürfen nicht zulassen, dass ‚Glaubensfreiheit' nicht zum Selbsttor wird. Meine Toleranz ist da am Ende wo im Namen eines Gottes die Gewalt verwendet wird. – Das mit dem Giftgas, lenkt ab vom Hauptproblem; verlogen ist diese Debatte zudem. Das Zeug muss von der Welt verschwinden- ausnahmslos.

Und wieder ein anderes Thema in der politischen Debatte
Ohne Anfang und ohne Ende.

Die derzeit ‚aktuelle Vergangenheitsbewältigung' führt vor einer Wahl kaum weiter. Meine Freunde von der PDE und ich, blicken in die Zukunft. Eines unserer vielen Themen: Wie können die exorbitanten Stromkosten, ausgelöst durch die ‚Energiewende' wieder zurück gestutzt werden. Ich will hier, Details können Sie viele Seiten vorher schon lesen, nicht weit ausholen.

Wenn aber der selbst ernannte Experte, Franz Alt, in einer Talkshow, ich weiß nicht mehr welche es war, kürzlich plakativ sagt, dass **Sonne und Wind keine Rechnungen stellen, ist das populärer Unsinn und die Wahrheit in Einem.**

Das will ich richtig stellen:
Energieverbrauch ist immer, Sonne und Wind gibt's nicht ständig. Die ständige Verfügbarkeit bietet die Natur nur bei Tag und Nacht und bei der Erdwärme. Auch die Kraft und Bewegung des Wassers ist ständig nutzbar. Die Nutzung des Wasserstoffs wird dauerhaft Zukunft sein, selbst der sinnvolle Einsatz von sauberer Kernenergie

ist sicher noch einige 100 Jahre möglich. Nehmen wir dazu die Produktion von Bio-Gas, wird das Bild rund. Kohle ist dreckig. Die Abhängigkeit von ausländischem Erdgas macht uns abhängig und erpressbar. Meine Freunde und ich, vertrauen lieber Diplom-Ingenieuren vom Fach und wissenschaftlichen Experten vom Fach. Nicht jeder Professor ist auch ‚Fachmann'. Die schlechtesten und gefährlichsten ‚Ratgeber' sind die Ideologen.
Die Zukunft ist der ENERGIEMIX.

18.09. – 18:31 Bundespresseportal

Die PDE stellt fest und fragt sich:

Ist die Wahl nicht zu einem Popanz verkommen?

(BPP) Rund 60 Millionen Bürgerinnen und Bürger sind zur Wahl aufgerufen. Vielleicht gehen aber nur 60/75% hin?! Warum ? Uninteressierte Bequemlichkeit bis hin zu 'Was soll ich da'. -PDE-Vorstand Karl Jobig: "Meine Frau und ich wählen immer und regelmäßig per Briefwahl. Wir fragen uns schon lange, warum die Briefwahl nicht zur Regelwahl wird. Das mindert den Aufwand und spart Geld."- Auf dem Wahlschein stehen über 30 Angebote. Bekannt sind bestenfalls die 'Monsterpartei CDUCSUSPDGRÜNEFDP' dazu noch Die Linke, AfD, Freie Wähler, NPD, Piraten und, und, und... Was aber nicht auf dem Wahlschein steht, ist die eigentliche Hauptsache: Die Koalitionen.

Die Damen und Herren Wähler dürfen nur ahnen und hoffen. Eine Koalition 'arbeitet' mit einem eingebauten 'Wahlversprechen-Bruch-Automatismus'. Nach der Wahl werden die Karten neu gemischt; ganz ohne Wähler. Wenn dann mit Angela Merkel und Peer Steinbrück zwei Kanzler-Kandidaten im 'Feuer stehen', von denen Herr Steinbrück erklärt, dass er weder für die populäre 'Große Koalition' noch für mögliches 'Rot - Grün - Rot' zur Verfügung steht, fragt man sich schon 'was der Zirkus soll'...??? - Die PDE steht für Wahlpflicht, mit der Freiheit zur Abgabe eines ungültigen Wahlscheins. Sie steht auch für eine Generalüberholung unseres antiquierten

Wahlrechts, das immer mehr die Ungerechtigkeiten 'pflegt'. Die PDE will die Volkspartei der Zukunft werden.

Das ,Betthupferl' war ,Anne Will': Jetzt kurz vor der Wahl sollte man sich eigentlich keine Polit-Talkschau mehr antun. Fast schon in Panik fielen sich die ,Herrschaften' gegenseitig ins Wort: An der Spitze Frau Künast im Disput mit den Herren Kubicki und Bosbach. Auch die junge Frau Schwesig, sah relativ ,alt' aus. Die Polit-Garde überbot sich in Zuweisungen wie „Haben Sie nicht 1993 ..., wurde nicht von Ihnen schon 2003..." Die überwiegende Mehrheit der „TV-Zuschauerhörer", saß wohl ratlos vor der Glotze. Um was ging es eigentlich – die Wahl 2013?? – Nachdenklichkeit kehrte ein, als Anne Will am Schluss, die Pädophilie-Debatte ansprach; hatte aber auch nichts mit Zukunftsprogrammen der Wahlperiode 2013 – 2017 zu tun...

Mal sehen ob es morgen bei den ,Schluss-Spurt-Sendungen' besser aussieht – Ich lass mich überraschen. – Bayern gewonnen, Schalke gewonnen und Dämpfer für Dortmund und Leverkusen. Gute Nacht.

Donnerstag 19 Sep. 2013 11.31

Focus-Redakteur Frank Thewes, sieht mit der 5% Klausel eine Gefahr für die Demokratie

Um 'Gottes Willen', Herr Thewes - 5% kippen?!

Bitte sehen Sie es mir nach, dass ich die Wort-Floskel mit dem lieben Gott bemühe. Ich habe sehr viele kluge Beiträge von Ihnen gelesen. Diesmal muss ich Ihnen vehement widersprechen. Wollen Sie den Deutschen Bundestag voranbringen auf dem Weg zur "Quatschbude"? Wir haben jetzt schon, bezogen auf unsere Einwohnerzahl, eines der umfangreichsten Parlamente der Welt mit reichlich leeren Plätzen und Hinterbänklern. 34 Parteien auf dem Wahlschein. 34 Wahlprogramme - einige mit 100 und mehr Seiten, die von der Masse der Wähler nicht gelesen werden. Die kleinen und kleinsten können sich per Blog, Facebook, Twitter & Co und die zahlreichen Online-Dienste zu Wort melden. Die von mir gegründete PDE will zur neuen Volkspartei werden. Das ist Anspruch und Ziel. Splitterparteien bringen nichts.

19 Sep. 2013 11.55

Focus-Online Diskussion über ZDF-Wahlbarometer drei Tage vor der Wahl; bemängelt wird ein Tabubruch.

Nutzlose Diskussion - Sturm im Wasserglas

19 Sep. 2013 11.55

Ich freue mich für alle, die bei Befragungsinstituten ihr Geld verdienen. - Befragung hin - Befragung her - einen intelligenten Menschen ficht so etwas doch nicht an. Klar lese ich das und denke mir ein 'Aha'. Ich lese doch auch das tägliche Horoskop und denke ein weiteres 'Aha'. Befragungen zu Ende gedacht: Wenn eh schon alles bekannt ist, warum wählen wir überhaupt noch. Das ist die eigentliche Gefahr. Wer seine Wahlentscheidung von Befragungen und Trends abhängig macht, Entschuldigung, gehört zu der dümmeren Sorte...

19.09. 16:10   Focus-Online stellt Parteiprogramme gegenüber

Arbeitslos-Krank-Heimatlos und der Staat.

Danke, Martina Fietz und Susanne Klaiber. Wer aus dieser Arbeit "Wahlwerbung für schwarz-gelb" heraus liest, wie ein Herr Immel, hat entweder nichts begriffen oder ist bösartig. Wer ohne ideologische Scheuklappen an die Themen herangeht, müsste eigentlich feststellen, dass der Staat da seinen Sinn verliert, wo er uns zu Kleinkindern macht, die Hilfe von den "Großen" benötigen oder sich zum Vormund aufschwingt. Der Staat ist keine Rentenversicherung. Der Staat ist, außer beim Öffentlichen Dienst, weder Arbeitgeber, noch Unternehmer. Der Staat ist auch kein Arzt und kein Seelsorger. Der Staat hat ganz wesentlich dafür zu sorgen, dass alle Voraussetzungen für das Funktionieren der Sozialen Marktwirtschaft gegeben sind. Ich empfehle, wen wird es wundern, einen Blick in das PDE-Infoportal.

Am Abend konnte ich es dann doch nicht lassen....

Berliner Runde, Maybrit Illner und Markus Lanz – durchhalten bis weit nach Mitternacht – hat man damit wenigstens 10% des Wahlvolks erreicht...?

Freitag, 20.September – 10:00 – **Der TV-Rückblick**

....**Nein, man hat nicht. Sieger des TV-Abends war ‚Criminal Minds' bei Sat.1 mit gut 3,4 Mio**

Die „Berliner Runde" bei ARD + ZDF erreichte je 2 Mio = 4

Dass ich Gregor Gysi Recht gebe, kommt selten genug vor. Er meint, dass man die Steuerpflicht an die Staatsbürgerschaft koppeln sollte. Richtig, das schiebt manchen Tricksereien einen Riegel vor. – Grundsätzlich zur EU: Wir können den Mitgliedsländern keine Vorschriften machen. Meine PDE-Freunde und ich plädieren für den wirtschaftlichen Wettbewerb und die Haftung für das, was man tut. - Auch das leidige Thema NSA und die Ausspähung war Thema. Die Diskussion nervt und ist zudem scheinheilig. Seit Ewigkeiten ist der Mensch nun mal „neugierig". – Die Mindestlohn-Debatte erregt immer noch die Gemüter – logisch, von Wirtschaft verstehen nur die Wenigsten etwas. Der Staat ist kein Unternehmer und auch kein Arbeitgeber; ausgenommen Öffentlicher Dienst. Laut Statis. Wiesbaden, arbeiten da 5,2% der arbeitenden Bevölkerung. Außerdem möchte ich für mich feststellen:
Die Aufstockung zu niedriger Einkommen durch den Staat, ist keine Schande. Das ist Fürsorgepflicht.
Aufgepasst werden muss nur, dass skrupellose Geschäftemacher das nicht ausnutzen. - Und noch ein Punkt aus der Runde ‚Schuldenhaftung für Griechenland'. Das müssen wir wohl oder übel, „auf die lange Bank schieben" und auf günstige Entwicklung hoffen. Griechenland, Spanien und andere müssen erst mal wieder auf die Füße kommen. – Das Theater um die Rente ab oder mit, ist auch

überflüssig. Streichen. Jede und Jeder soll so lange arbeiten wie's geht; notfalls sagt ein Amtsarzt STOP. Nach dem PDE-Modell garantiert der Staat mindestens 1.2oo € - in einer Gemeinschaft sind es 1.5oo €. Der Staat sichert nach unten ab, ist aber kein Versorgungs-Unternehmen. –

Maybrit Illner sahen 2 Millionen und der nächtliche ‚Markus Lanz' versorgte immerhin noch 1,6 Millionen. Hier fiel für mich auch der **„Satz des Abends" – Michel Friedman „Der Staat hat gläsern zu sein, nicht seine Bürger".** Wenn aber jemand wie ich, alle drei Sendungen gesehen hat, werden diese gut 7 Millionen sehr relativ. Ich wage mal die Behauptung, dass es am Abend nicht mehr als drei Millionen Damen und Herren gab, die sich so kurz vor der Wahl, noch dafür interessiert haben – zumindest im Fernsehen.

1957 gewann die CDU / CSU mal mit dem Slogan „Keine Experimente", die absolute Mehrheit. Ist 2013 wirklich Zeit für einen Wechsel? Das Gesamtbild spricht dagegen, trotz einiger Schrammen. –

Letzter Teil FOCUS-ONLINE über Parteiprogramme und mögliche Koalitionen

Wohnen – Rundfunk – Verkehr - Strom

Freitag, 20.September – 18:04

Noch klein aber sehr fein: PDE

WOHNEN: Ankurbelung Sozialer Wohnungsbau (neues System) RUNDFUNK: Öffentlich-rechtlich Gebührenfrei, werbe frei, finanziert aus dem staatlichen Haushalt. Vereinigung von ARD und ZDF zum FDR Freier Deutscher Rundfunk nach dem ZDF-Modell mit Regional-Studios. VERKEHR: Maut auf allen Autobahnen und Straßen. Deutsche zahlen im Rahmen des Steuersystems de facto bereits eine Maut. Dies soll sichtbar werden durch eine Vignette. STROM: Energiemix der kurzen Kabelwege. Preissenkungen für Private und die Wirtschaft. Vieles schon nachzulesen im PDE Infoportal. Wählbar frühestens bei möglichen Neuwahlen 2014, spätestens 2017 -

oder: Die PDE wird überflüssig, weil eine neue Regierung bei ihr abschreibt. Wir sind uns für eine Splitterpartei zu schade.

Neue Volkspartei - oder nicht...

Wenn nicht noch ‚Welt bewegendes' geschieht, will ich Heute keine Bundespresseportal - Meldungen mehr schreiben und auch Focus-Online in Ruhe lassen. „Zweimal werden wir noch wach, heißa dann ist Wählers Tag..." So ähnlich haben wir das als Kinder kurz vor Weihnachten gesungen.

Samstag/Sonntag, 21./22.September

Das zufällige Polit-Tagebuch nähert sich zwar dem Ende, aber da nach der Wahl bekanntlich schon wieder ‚vor der Wahl' ist, gibt es nun mal keinen Anfang und kein Ende. Nachdenklich wurde ich in den vergangenen Wochen und Monaten über die hintergründige Sprache: **Lüge oder Wahrheit...** Was ist, wenn Theo**logen** aller Religionen über Liebe, Gerechtigkeit und Frieden reden? Was wissen Polito**logen** über reale Politik? Stimmt die Wettervorhersage der Meteoro**logen**? Die schlimmste Sorte der -logen' sind die Ideolo**gen.** Sie tun so, als ob sie die Wahrheit verkünden, sollten aber wissen, dass sie lügen! Sicher passt ‚genießen' zu Genuss, aber was hat das mit ‚Genossen' zu tun?

61,5 Millionen Menschen können wählen – das wären 100%. Irgendwo zwischen einem Drittel und einem Viertel entziehen sich mit oft fadenscheinigen Ausreden. Wir sollten der Wahlbenachrichtigung gleich die Briefwahlunterlagen beilegen – ein Versuch wäre es wert.

18:30

Peinlich war der großmäulige Auftritt von Professor Doktor Lucke, der sich mit der Prognose/1.Hochrechnung so gebärdete, als hätte die AfD gewonnen. Interessant, dass die ‚Euro-Kritiker' bei der Wählerwanderung fast allen Parteien Stimmen wegnahm; selbst ‚Die Linke' musste bluten. AfD – ein Häuflein der ‚Besserwisser'.

Montag, 23.09. – 02:50 / **Das vorläufige, amtliche Endergebnis**

Union 41,5% - SPD 25,7% – Linke 8,6% – Grüne 8,4%
FDP 4,8% - AfD 4,7% – Piraten 2,2% – Sonstige 4,1%

Wahlbeteiligung 71,5%
Die Nichtwähler liegen mit 28,5% noch vor der SPD….

Der große Verlierer ist unser antiquiertes Wahlrecht:

Große Gewinner werden abgewertet – Verlierer aufgewertet.
Rot-Rot-Grün hätte eine knappe Mehrheit; das ginge aber nur, wenn
SPD und Grüne sich selbst nicht mehr ernst nehmen. –
Also: **Wir werden weiter koaliert statt regiert.**

**Kein Anfang und kein Ende' ist der Titel dieses Buches;
somit wird es in Deutschland, Europa und der Welt noch
viele Veränderungen geben – ich hoffe, zum Besseren für
möglichst viele Menschen.**